Evelyn Pschak von Rebo

111 Orte in den Pyrenäen, die man gesehen haben muss

111

emons:

Bibliografische Information der Deutschen Nationalbibliothek
Die Deutsche Nationalbibliothek verzeichnet diese Publikation in der Deutschen Nationalbibliografie; detaillierte bibliografische Daten sind im Internet über http://dnb.d-nb.de abrufbar.

FSC® www.fsc.org MIX Papier aus verantwortungsvollen Quellen FSC® C083411

Layout: Eva Kraskes, nach einem Konzept
von Lübbeke | Naumann | Thoben
Kartografie: altancicek.design, www.altancicek.de
Kartenbasisinformationen aus Openstreetmap,
© OpenStreetMap-Mitwirkende, ODbL
Druck und Bindung: CPI – Clausen & Bosse, Leck
Printed in Germany 2019
ISBN 978-3-7408-0562-3
Originalausgabe

Vorwort

Wer weiß etwas zu den französischen Pyrenäen? Rund 430 Kilometer lang führt der Bergkamm vom Atlantik bis zum Mittelmeer, markiert die Grenze zwischen Frankreich und Spanien und birgt von den Gipfeln zu den Küsten unzählige Plätze, die es zu erkunden gilt. Denn selbst den Franzosen ist ihr südlichstes Gebirge, das sich über sechs ihrer Départements zieht, nicht so geläufig. Klar: Die härtesten Anstiege der Tour de France, die kennt man. Imposante Felsenkessel, besungen von Dichtern wie Victor Hugo, Lourdes und sein pilgerndes Millionenpublikum, die geschichtsträchtige Sternwarte am Pic du Midi, der zarte Schinken vom schwarzen Bigorre-Schwein. Aber dann? Ja dann: *silence*! Die Stille am Berg will ich auch gar nicht stören. Aber zu den Pyrenäen gibt es schon viel zu sagen, etwa zum ersten Solarschmelzofen weltweit, dem ältesten Golfplatz Kontinentaleuropas, der nicht enden wollenden Suche nach dem Heiligen Gral oder Brigitte Bardots Stern auf dem Laàs Vegas Boulevard.

Mit 17 stand ich auf dem Bahnhof von Perpignan, nach einer ziemlich langen Zugfahrt. Die ich tatsächlich nur einer Aussage Salvador Dalís folgend angetreten war, hatte der Surrealist doch behauptet, dass sich genau hier der Mittelpunkt der Welt befände. Den habe ich damals in den Pyrenäen zwar nicht aufspüren können, aber dafür seither viel, viel Wunderbares. Etwa, dass der Kommandant Mollard, der 1906 die prähistorische Malerei in der Höhle von Niaux entdeckt hatte, der Urgroßvater meiner Kindheitsfreundin Élise war (die allerdings in Marseille und nicht in den Pyrenäen geboren wurde).

In der französischen Sprache gibt es den schönen Ausdruck des *pyrénéiste*: Dieser Pyrenäen-Freund zeichnet sich – im Gegensatz zum Alpinisten – weniger durch sportlichen Ehrgeiz als durch die kulturelle Wertschätzung durchwanderter Orte aus. Dies soll ein Buch für alle Pyrenäisten sein – die bereits verzauberten wie die künftigen!

111 Orte

hypocras
hypocras

1 Der Éco-Erlebnispark Ludopia

Freiluft und Flüsterfon

Myriem Ewann ist die Art von Frau, der man alles zutraut. Dass sie in blauen Latzhosen ein Spielzeug aus recyceltem Eisen zusammenschweißt und, sobald die Funken nicht mehr sprühen, ein paar Stullen für die Kinder beschmiert, bis das neue Klettergerüst endlich abgekühlt und einsatzbereit ist. Ja, genau so eine Frau ist sie. Und es braucht vermutlich diese Sorte Mensch, um mitten im wunderschönen, aber recht einsamen Tal Vallée d'Aspe, kurz vor der Grenze zum spanischen Aragonien, ein Projekt wie Ludopia zu stemmen. Im Sommer 2016 eröffnet, setzt sich der Name des Öko-Erlebnisparks aus *Ludus*, dem lateinischen Wort für Spiel, und Utopie zusammen. Und ist somit Programm: »Wir hatten Lust, einen Ort für Interaktivität zu schaffen – und zwar ohne digitales Gegenüber. Sondern zwischen mehreren Generationen und Menschen mit und ohne Behinderungen«, erklärt Ewann.

Hier kann man sich im Vergnügen des Spiels verlieren – und Gemeinschaft wiederfinden. Ewann tritt in Fahrradpedale, um ein kleines Karussell zum Drehen zu bringen. Fast erwartet man Musik. Kommt aber nicht, dafür ein Scherz: »Zu 100 Prozent erneuerbare Energie«, schnauft die studierte Geografin. Derzeit gibt es rund 150 Spiele in Ludopia, jedes Jahr kommen neue hinzu. Die vier Gründer um Ewann haben sie aus Zweitverwertetem oder Kastanienholz hergestellt und oftmals auch selbst erfunden. Beim »Chuchotophone« etwa flüstert man Vertrauliches in metallene Hörmuscheln und versucht herauszufinden, an welcher Stelle des geschmiedeten Röhrenlabyrinths der eigene Satz wieder auftauchen mag. »Ludopia ist ein Geheimtipp«, könnte man über dieses »Flüsterfon« mitteilen. Ach nein, manche Geheimnisse sollte man lieber bewahren. Also: Pst! *Chut!*

Adresse Lieu dit Pointe de Bullasque, 64490 Accous | **Anfahrt** von Oloron-Sainte-Marie Richtung Saragossa, in Accous am Skatepark links | **Öffnungszeiten** vorher unter Tel. 0768/349861 anrufen, da die Öffnungszeiten variieren | **Tipp** Das hübsche Sarrance liegt an der Via Tolosana, dem südlichsten der vier Jakobswege. Dem heutigen Pilger schmeckt der »Burger du Berger«, der Schäfer-Burger, mit regionalem Schinken und Käse im Hôtel-Bistrot Les Pas Sages.

2 Das Chistera-Atelier Onena

Husch, husch ins Spitzkörbchen

Eigentlich ist Jean-Louis Gonzalez in Rente, seit sein Sohn Pierre den Familienbetrieb übernommen hat. Aber für einen Kunsthandwerker wie ihn ist Nichtstun keine Option. Sein Großvater Eustache hat die Fabrique de Chistera Onena 1887 in Bayonne gegründet. Die alte Nähmaschine ist seither in Betrieb – und war noch nie kaputt. Also steht auch Jean-Louis Tag für Tag im gemütlichen Atelier, um Chisteras herzustellen. Seine Schläger, die man sich wie einen verlängerten Fang- und Wurfarm mit einem Lederhandschuh überstreift, werden bei einer Variante des baskischen Pelotaspiels eingesetzt: Beim Cesta-Punta, spanisch für Spitzkorb – *xistera* im Baskischen –, wird ein kleiner, lederummantelter Vollgummiball gegen die Wand geworfen. Der zurückprallende Ball darf nur einmal den Boden berühren, bevor er vom gegnerischen Spieler mit dem Chistera gefangen und wieder gegen die Wand gepfeffert wird.

Der Schläger wurde Mitte des 19. Jahrhunderts erfunden, indem man einen Korb aus Weidenruten, den man eigentlich zum Traubenpflücken nutzte, an der Hand befestigte. Das neue Utensil ersetzte die schweren Lederhandschuhe früherer *pelotari*, denn mit dem leichteren Chistera fliegt der Ball besser, weiter und kann bis zu 300 Stundenkilometer erreichen; außerdem ermüdet der Wurf den Arm nicht so. Dennoch sind die Gonzalez' mittlerweile die letzten Franzosen, die diese Tradition hochhalten, während es in Spanien noch um die 20 Chistera-Ateliers gibt. Nun ja, die Arbeitsschritte sind komplex: Kunsttischler, Korbmacher und Sattler müsse man in seinem Beruf sein, präzisiert Jean-Louis stolz, setzt sich der Chistera doch aus einem Skelett aus Kastanienholz, einem Weidenkorb und einem Lederhandschuh zusammen. Und auch wenn in den Kinderläden Südwestfrankreichs immer mehr Plastik-Chisteras auftauchen, wird Jean-Louis nicht bang. Die wollen alle irgendwann einen echten, da ist er sich sicher.

Adresse Fabrique de Chistera, 6 Allée des Liserons, 64600 Anglet | **Anfahrt** Ausfahrt Anglet-Zentrum Richtung Rathaus (mairie), Les Cinq Cantons folgen (Richtung Chambre d'Amour), an der Ampel links in die Rue de Hourticq, die 2. Straße rechts ist die Zielstraße | **Öffnungszeiten** täglich bis auf Samstagnachmittag und Sonntag, feste Besuchszeiten: Mo, Mi, Fr um 17 Uhr, Voranmeldung empfohlen | **Tipp** Im Juli schaut man von Liegestühlen auf die Strandkino-Projektionen des Internationalen Surf Film Festivals von Anglet. Surfen gehört nun mal zur Côte d'Argent, die Silberküste heißt, weil Muschelabrieb der letzten Jahrtausende dem Sand einen silbrigen Glanz verleiht.

3 Parc Animalier des Pyrénées

Der mit dem Wolf schläft

Macho heißt er, natürlich: ein guter Name für einen Leitwolf. Sein Alphaweibchen ist Sakia, und diese beiden dürfen als Erste an die Fleischbatzen, bevor das restliche Rudel sich herantraut. Wann und wo es was zu futtern gibt, weiß das Alphapärchen sehr genau: Um 17.30 Uhr nämlich, vor der großen Glasscheibe. Auf der anderen Seite des Panoramaglases wird dann auch gegessen. Dort sitzen die Lodge-Übernachtungsgäste in ihrer rustikal gezimmerten Outdoor-Küche mit Blick auf das Wolfsrudel und den *leader of the pack* Macho.

Seit 2012 kann man im Parc Animalier des Pyrénées übernachten. Tür an Tür oder vielleicht doch eher Tür an Glas, Mauer und Gitter mit rund 120 pyrenäischen Tierarten wie Otter, Murmeltier und Pyrenäen-Gämse, die meisten von ihnen leben auf den 14 Hektar am Berghang in Halbfreiheit. In der »Cabane du Trappeur«, der Hütte des Trappers, nächtigt man also, nur durch eine Glasscheibe getrennt, bei den sieben Wölfen. Es riecht ein wenig streng, und die rustikale Architektur der Lodge aus dicken Lärchenstämmen tut ihr Übriges, um dem Ruf der Wildnis zu genügen. Eidechsen verstecken sich unter den Kissen des Outdoor-Sofas, selbst vom Schlafzimmer aus erlaubt ein riesiges Panoramafenster den steten Blick zum Gehege.

Seit Kurzem gibt es auch eine Gästeunterkunft bei den jungen Drillingsbären, dem Männchen Indu und seinen Schwestern Misha und Trona. Und 2019 kommt noch die »Cabane des Marmottes« hinzu, die Murmeltierhütte, am oberen Rand des Tierparks, mit Blick bis zum Talkessel von Troumouse. Den Murmeltieren, nickt Pfleger Benjamin, darf dann auch der Tierparkgast Futter geben. Das würde bei den Wölfen leider nicht gehen, zuckt er fast entschuldigend die Schultern. Nicht schlimm, wirklich. Die Wildnis ruft, das stimmt. Aber so laut dann doch nicht.

Adresse 60 avenue des Pyrénées, 65400 Ayzac-Ost / Argelès-Gazost | **Anfahrt** von Lourdes auf D 821 Richtung Argelès, 1. Kreisverkehrausfahrt auf D 821A, dann 2. Kreisverkehrausfahrt auf D 921B Richtung Ayzac-Ost, danach 2. Kreisverkehrausfahrt, dann rechts abbiegen, Ziel ist linker Hand | **Öffnungszeiten** April – Nov. 9.30 – 18 Uhr | **Tipp** Fête des chiens des Pyrénées: Das Hunde-Festival im Stadtpark von Argelès-Gazost feiert im September die vier Rassen der Pyrenäenberghunde Patou, Labrit und ihre spanischen Gegenüber Gos d'Atura Català und Mastín del Pirineo.

4 Die Quelle von Crastes

Mit Heinrich IV. ins kühle Nass

Frankreichs Südwesten wird immer auch das Land von Henri Quatre sein. Der Bourbonenkönig ist zwar 1610 in Paris gestorben, aber geboren wurde er im Schloss Pau. Sogar eine Hipster-Bartform – Henriquatre – ist nach ihm benannt, ein symmetrisch perfektes Kunstwerk höfischer Rasur, die Haare um Oberlippe, Mundwinkel und Kinn getrimmt. Ein *Vert galant* war er eben, ein Lebemann, so bezeugen die Historiker. Eine seiner Mätressen lebte auf ihrem Anwesen ganz in der Nähe der Quelle von Crastes, die sich im Wald bei Asté befindet. Das magnesium- und kieselerdereiche Wasser ist noch heute dafür bekannt, Wunden und Ekzeme zu heilen – und eben dafür, dass Heinrich IV. höchst persönlich hineingestiegen ist. Das zentralpyrenäische Asté ist eines dieser in sattes Grün gesetzten Dörfer, deren Schieferdachhäuschen unter der Sonne silbern glänzen. Knappe 600 Einwohner gibt es hier, außerdem eine große Möhrenwaage für den jährlichen Wettstreit unter Bauern. Und, versteckt in einer der schmalen Gassen, ein verwittertes Café Alimentation, in dem man abends mit Karten Belote spielt oder wenigstens dem Nachwuchs eine Vanillewaffel kauft. Karotten und Belote sind ein großes Ding in Asté.

Und natürlich das Heilwasser der nahen Quelle. Heute stocken sich Spaziergänger mit Ziehwägelchen ihre Wasservorräte auf oder setzen – wenn auch streng verboten – den geschwürgeplagten Hund in die mit Heilwasser gefüllte Wanne im Wald. Ein schmales Rechteck, aus flachen Steinen gemauert, ermöglicht jedem ein Bad unter dem Laubdach, den die wenig zimperlichen 15 Grad Wassertemperatur nicht schrecken. Im flachen Becken daneben strampeln kleine Kaulquappen, im Felsen darüber ist eine *Buvette* eingelassen, an der man das Wasser auch trinken kann: Doch nicht zu viel, sonst spielt der Darm verrückt, so warnen die Einheimischen. Nun denn, der Pastis im Café Alimentation schmeckt sowieso besser.

Adresse La Fontaine de Crastes, 65200 Asté | Anfahrt von Bagnères-de-Bigorre auf Route Départementale 8 in Richtung Asté, am Dorfeingang weiter Richtung Vallon de Crastes. Eine kleine Straße fließt den Bach Le Lhéris entlang. Beim Parkplatz vor der Brücke parken, dann noch etwa zehn Minuten leichter Fußweg bis zur Quelle. | Tipp Nach dem Bad am Le Lhéris immer weiter aufwärts marschieren. Ein verwunschener Weg, hat der Wasserreichtum den Wald hier doch in eine grün umrankte, moosige Feenwelt verwandelt.

5_Les Orris du Carla

Schäfer schufen Schieferdächer

Der Senn Jean-Baptiste Lamic wurde zwar schon 1929 geboren, aber an Fitness gebricht es ihm nicht. Vielleicht, weil er in seinem Leben immer so viel gelaufen ist: Denn im Sommer brachte er seine Kühe und Schafe hoch auf die Alm, da, wo seit den 1980er Jahren der künstliche See von Soulcem auf 1.570 Metern für ein Wasserkraftwerk gestaut wurde und dabei viel Weideland verschluckte. Einige Orris jedoch, kleine Behausungen aus Trockensteinmauern mit Feldstein und Schieferplatten, stehen noch da und erfreuen Wanderer wie Picknicker. Manche von ihnen trauen sich sogar, darin zu übernachten, wie das früher natürlich auch die Schäfer getan haben. Es gibt keine Türen und keinen Tisch. Was man tun musste, verrichtete man auf den eigenen Knien, ein Loch in der Wand reichte als Kamin. Das Dach ist überwachsen und abgedichtet von Gras und Wiesenblumen. So braucht das ungeübte Auge auch eine Weile, um die Orris überhaupt auszumachen.

Auch Lamics Familie hatte solch eine Orri du Carla. Er stellte dort schon als Junge den *fromage d'Auzat* her, einen Käse, den es heutzutage gar nicht mehr gibt. Auzat, so heißt seine Gemeinde hier, im Tal des Vicdessos, wo die Ariège direkt an Andorra und Spanien stößt und der Pic de Montcalm wacht, mit 3.077 Metern der höchste Gipfel des Départements. Das Alter der Orris kennt keiner, vermutlich 200 bis 300 Jahre, schätzt Lamic. Der Labinas hüpft wenige Meter weiter über die Felsen, bespuckt sein von Rhododendron gesäumtes Ufer, er will hinab, zu den Forellen und Seesaiblingen des Étang de Soulcem. Die kommen gerade recht für einen Orri-Picknick-Klassiker: Man wickelt eine Forelle in Schinken, damit sie beim Garen nicht auseinanderfällt, und legt sie auf einer Schieferplatte übers Feuer. Eigentlich fehlt jetzt nichts mehr zum Glück. Aber wie das in perfekten Momenten so ist – man hätte dazu ganz gern auch noch ein Stückchen *fromage d'Auzat*.

Adresse 09220 Auzat | **Anfahrt** von Tarascon Richtung Vicdessos-Auzat, Beschilderung »Marc« folgen (Départmentale 108), dann Beschilderung »étang de Soulcem« – zum »Pla de l'Isard«. Eine befahrbare Strecke führt hoch hinauf zu den Orris du Carla. | **Tipp** Am Café de Ninotte kommt man auf dem Weg zu den Orris eh vorbei. Wer hier rastet, erhält zum Getränk noch eine Zeitreise hinzu: Genau wie bei Nini muss eine Pyrenäen-Pause schon vor 50 Jahren ausgesehen haben.

6 Le Maintenon

Das Kino in der Kirche

Recht verwittert, aber immer noch lesbar, steht »Pensionnat Sainte-Marie« an der Fassade. Die ehemalige Schule gehörte einst zu den Barmherzigen Schwestern von Nevers (zu deren Orden stieß übrigens auch Bernadette Soubirous nach ihren Marienerscheinungen in Lourdes). Rechts daneben erhebt sich die ehemalige Schulkapelle. Heute ist darin das schönste Kino von Bagnères-de-Bigorre untergebracht. Und auch das einzige.

Die Stadtverwaltung, so erzählt Kinoleiter Bruno Ramos, habe 1991 entschieden, dort ein Kinoprojekt zu lancieren. Zunächst waren nur zwei Vorführungen in der Woche geplant. Bis 1997 sei das dann, erzählt Ramos, der schon damals mit an Bord war, eine Art Camping-Kino gewesen: »Alles war tragbar, selbst die Projektoren.« Mittlerweile gibt es wöchentlich zehn Filmvorführungen. Und der kleine 130-Sitze-Saal erhielt zudem bereits das Label »art et essai 2015«, was bedeutet, dass hier Filme in der Originalfassung V.O. – *version originale* im Französischen – mit Untertiteln gezeigt werden. Wie man im Cineasten-Wohnfühl-Frankreich eben so Filme guckt.

Dabei erinnert die innenarchitektonische Umgestaltung des Kinos weiterhin an die einstige Nutzung: Die Schwingtüren im ganz aus Holz gestalteten Eingang, die nach links oder rechts in den Kinosaal führen, könnte man durchaus auch in einer Kathedrale aufstoßen. Und hinter dem Ticketschalter aus Holz und Glas würde dann eben jemand sitzen, der Andachtsbildchen und Kerzen verkauft. Unter der Leinwand sind noch immer die Marmortreppen sichtbar, die zum Allerheiligsten führen. Die marmornen Wände sind fürs bessere Hörvergnügen mit Stoffen verkleidet, und auch eine künstliche Decke musste eingezogen werden, da die Kirchendecke samt Buntglasfenster so hoch waren, dass die Akustik knallte. Heute kann man von den roten Polstersesseln aus kein Buntglas mehr sehen. Aber dafür Blade Runner in V.O.

Adresse Rue Alfred Roland, 65200 Bagnères-de-Bigorre, www.parvis.net/le-programme/cinema | Anfahrt von Lourdes auf D 935 (Rue des Pyrénées) durchs Stadtzentrum, links geht die Zielstraße ab | Tipp Unter den schattenspendenden Linden der Allée des Coustous findet jeden Samstag von 8 bis 13 Uhr ein Markt statt, der dann weiter durch die Altstadt mäandert bis zum Glockenturm in flamboyanter Gotik.

7 Vêtements Féminins Andrejacq

Mit dieser Mode ist Staat zu machen

Paris ist so weit weg, lebt man in den Pyrenäen. Und auch wenn das manch einem als Vorteil erscheinen mag, man musste sich über die Jahrhunderte doch die Geneigtheit französischer Machthaber sichern, um infrastrukturell nicht außen vor zu bleiben. So luden findige Bergbewohner bereits zu den Zeiten des Sonnenkönigs berühmte Versailler zur Kur in die Pyrenäen ein – königliche Kredite zum Ausbau der Thermalanlagen folgten auf dem Fuße. Später überschüttete Napoléon III. die Region mit in Stein gemauerten Großzügigkeiten und ließ zudem von Biarritz bis Bagnères-de-Luchon an der spanischen Grenze eine Straße bauen, die noch heute weltweit als La Route des Cols bekannt ist und auf der die Tour de France stattfindet.

Die Zugewandtheit des 2017 gewählten Präsidenten hat sich indes Bagnères-de-Bigorre gesichert: Im ältesten Thermalort der Zentralpyrenäen lebte einst die Großmutter Emmanuel Macrons. Als Schuljunge hatte er in dem 8.000-Einwohner-Städtchen die Ferien verbracht. Seine Kusine Sylvie betreibt dort noch heute dieses Kleidergeschäft gegenüber der pittoresken Allée des Coustous. »Emmanuels Großvater und meiner waren Brüder«, bejaht die Französin. Und erzählt. Wie ihr Großvater das Bekleidungsgeschäft nach dem Zweiten Weltkrieg gegründet hatte. Vom gemeinsamen Pingpong mit ihrem acht Jahre jüngeren Cousin Emmanuel im Garten seiner Großmutter Manette. Und von den Schlauchboottouren mit ihm, »du rafting«, wie sie es nennt, auf dem Adour, der unweit ihres Heimatstädtchens beim Col d'Aspin entspringt. Selbst als Staatspräsident komme Emmanuel immer noch vorbei, nach seinen Skitouren in La Mongie etwa. Ausstatten kann sie ihn dafür leider nicht. Sylvie Durand verkauft ausschließlich Damenmode und Nachthemden in Größe 38 bis 54.

Adresse 8B Place Lafayette, 65200 Bagnères-de-Bigorre | **Anfahrt** D935 durch die Stadtmitte direkt zur Place Lafayette | **Öffnungszeiten** Mo geschlossen | **Tipp** Samstagmittag, am Markttag, ist der schönste Moment, um in der Markthalle an der »Hall à Fish«-Theke gekühlten Tarani-Weißwein und gratinierte Messermuscheln zu bestellen. Gemeinsames Singen von *Chants pyrénéens* nicht ausgeschlossen.

8_Der 1.200-Meter-Sprung

Fliegen mit Freddy: Unterm Gleitschirm über Gipfel

Am schönsten wird es kurz vor Schluss: Wenn der Gleitschirmflieger Freddy Sutra in die Trickkiste greift und dem Tandem-Flugtouristen, den er vor seinem Bauch trägt, einen Trip durchs »Disneyland von Luchon« anbietet. So bezeichnet er nämlich das furiose Finalmanöver, wenn er kurz vor der Landung die Fluggeschwindigkeit auf 80 Stundenkilometer verdoppelt, um mit zackigen Wingovers, wie man die extremen Kurvenwechsel in der Gleitschirmakrobatik nennt, und in eng gesetztem Kreiseln, einer irren Achterbahnfahrt gleich, gen Boden trudelt. Natürlich nur, wenn sein Passagier das auch will, da fragt Sutra vorher schon noch mal nach.

Seit über 30 Jahren startet der Südwestfranzose vom Skigebiet Superbagnères aus seine Gleitschirmflüge. Denn wiewohl es rund 40 paraglidingtaugliche Gemeinden in den Zentralpyrenäen, der Ariège oder der Haute-Garonne gibt, zeichnet sich Superbagnères ganz besonders als Absprungort aus: Auf 1.800 Metern gelegen, lässt einem der Flug von hier mindestens 20 Minuten Zeit, den atemberaubenden Blick aufs Luchonnais und auf den pyrenäischen Grenzkamm samt Pico d'Aneto zu genießen, während die meisten anderen Tandemsprünge nach zehn Minuten bereits zu Ende sind. 1.200 Meter Höhenunterschied liegen zwischen Superbagnères, der Skistation, und dem Landeplatz von Freddy Sutra im Städtchen Bagnères-de-Luchon. Es ist das größte Gefälle für einen Gleitschirmflug in den französischen Pyrenäen.

Eine Altersbegrenzung gibt es bei Freddy Sutra nicht, dessen jüngster Flugbegleiter erst vier Jahre alt war. An seine älteste Mitreisende, eine 92-Jährige aus dem Bergdörfchen Sode, die unbedingt einmal ihr Häuschen aus der Luft sehen wollte, erinnert sich Sutra besonders gern: »Sie hat ihren Arzt gefragt, ob sie in ihrem Alter noch mit dem Gleitschirm fliegen dürfe. Der kannte mich und meinte nur, ›Ach, mit Freddy schon‹«.

Adresse Treffpunkt 11, Rue Albert Camus, 31110 Bagnères-de-Luchon | **Anfahrt** D 125, links in die Zielstraße | **Öffnungszeiten** je nach aktueller Wetterlage ganzjährig | **Tipp** Bis Ende der 1970er Jahre stand hier tatsächlich eine Bergkapelle, heute ist »La Chapelle« ein Bio-Restaurant mit riesigem Betonkreuz, direkt im Skigebiet von Superbagnères. Etwa zwei Meter unterhalb der Panoramaterrasse startet Freddy Sutra seine Tandemflüge.

9__Das Reliefmodell

Pyrenäen aus Pappmaschee

Als gäbe es in diesem kunterbunt bestückten Museum nicht sowieso schon ein anekdotenreiches Objekt neben dem nächsten: der Abguss eines Dinosaurier-Eis von Espéraza, Objekte des Brauchtums, Wände voller Malerei unterschiedlichster Qualität und natürlich das hoch aufgerichtete Skelett eines Bären, ohne das, wie der Direktor launig erzählt, keine einzige Schulklasse mehr in sein Heimatmuseum käme. Und dann gibt es eben noch dieses 15 Quadratmeter große Pappmaschee-Relief von Toussaint Lézat, in dem der Ingenieur aus Toulouse in achtjähriger Arbeit und nach zahlreichen Besteigungen die Zentralpyrenäen als Geoplastik nachgebildet hat. 1854 vollendet, zeigt seine dreidimensionale Geländedarstellung ein zentralpyrenäisches Gebiet von 57 Kilometern Länge und 25 Kilometern Breite in zwei unterschiedlich umgesetzten Maßstäben: 1:10.000 für die horizontale und 1:5.000 für die vertikale Wiedergabe. Sein Modell ist knappe sechs Meter lang und 2,50 Meter breit, die Pyrenäengipfel ragen bis zu 70 Zentimeter aus dem kartografischen Relief empor.

Lézat war begeisterter Bergsteiger und ein wahrhafter *pyrénéiste*. Er ging in die Berggeschichte ein als der Dritte, dem es gelang, den höchsten Pyrenäengipfel, den Pic d'Aneto, zu besteigen. Doch soll es auf dem Dreitausender Grand Quayrat gewesen sein, dass er sich entschied, überwältigt von der Schönheit des Panoramas, die Zentralpyrenäen zu vermessen und in Pappmaschee nachzuformen. Das Gesamtwerk fügt sich aus 16 Stücken zusammen, jedes einzelne hat Lézat auf seinen Expeditionen begleitet, wo er am Berg direkt an ihnen arbeitete, wie ein Bildhauer vor seinem Modell. Verewigt hat sich der Geodät aber nicht nur über sein Miniaturgebirge: Heute ist der 3.107 Meter hohe Gipfel zwischen dem Grand Quayrat und dem Pic des Crabioules nach ihm benannt, war er doch der Erste, der den Pic Lézat 1852 bezwang.

Adresse 18 Allée d'Etigny, 31110 Bagnères-de-Luchon | **Anfahrt** D 125, in die Rue Alexander Fleming, 3. Kreisverkehrausfahrt auf Avenue Maréchal Foch, dann auf Avenue Carnot, dann auf Allée Etigny | **Tipp** Der allerkleinste Skiort der Pyrenäen ist das nahe Bourg-d'Oueil, am 1.755 Meter hohen Gebirgspass Port de Balès: neun Einwohner, zwei Schneelifte, eine Piste von 400 Metern. Die Mitarbeiter sind alle Freiwillige, nur eine einzige Person wird bezahlt, das ist der *pisteur-sécouriste*, der Pistenwart und Unfallhelfer, und selbst der Bürgermeister steht am Lift und reicht die Skistöcke.

10 Das Vaporarium

Europas einziger natürlicher Hamam

Im Bauch des Vaporariums ist es dunkel. Durch den bereits von den Römern behauenen Felsen drückt das heiße Wasser der Schwefelquellen Luchons. Es verdampft und legt sich, bis zu 42 Grad Celsius warm, auf die Haut der Badegäste. Über 150 Meter lang erstrecken sich unterirdischen Gänge, durch die man im dampfigen Dunkel bei 95 Prozent Luftfeuchte wandelt. Wer lieber ruht, genießt die feuchte, schwere Wärme auf einer der kleinen Steinbänke am Felsentunnelrand und vergisst Welt und Zeit. Nun ja, fast: Wasserdicht eingepackte Uhren mit grün leuchtender Digitalanzeige sorgen dafür, dass man das Zeitgefühl nicht ganz verliert. Und eine mechanische Männerstimme gibt im Fünf-Minuten-Takt zusätzlich die neue Uhrzeit an: für alle, die mit geschlossenen Augen vor sich hin dösen. Das dumpfe Poltern der Ausgangstür zu den Duschen, ganz am anderen Ende des Tunnelsystems, das ständige Gluckgluck der Kondenstropfen, die von der Felsendecke rinnen, die schemenhaften Umrisse und gemurmelten Gespräche anderer Dampfbadbesucher tragen zur Höhlengeborgenheit bei.

So ein Dampfbad im Vaporarium entspannt aber nicht nur die Muskeln, sondern verbindet den heutigen Wellness-Adepten in direkter Linie mit den Relax-Ritualen der Römer. Die Thermen sollen gleich nach denen der Heilquellen um Neapel entstanden sein, noch immer steht »Balneum Lixonense post Neapolitense primum« in großen Lettern an der Eingangsfassade: Die Bäder von Luchon sind die ersten nach jenen Neapels. Man könnte also auch sagen, dass Luchon Nummer zwei war, aber das klingt natürlich nicht so schön. Den zweiten Rang nimmt Luchon eh nicht gern ein, schon das Wintersportgebiet oberhalb des Kurstädtchens, Superbagnères, wurde in der ersten Hälfte des 20. Jahrhunderts als »erste Skistation nach Chamonix« promotet. Das Vaporarium liefert jetzt aber doch den ersehnten Superlativ: Willkommen im einzigen natürlichen Hamam Europas!

Adresse Cours des Quinconces, 31110 Bagnères-de-Luchon | **Anfahrt** über die D 125 | **Öffnungszeiten** Mo – Sa 15 – 19.30 Uhr (morgens ist die Anlage für Kurgäste reserviert), So 10 – 12.30 Uhr und 13.30 – 17 Uhr, Kinder ab 12 Jahren, Ausgabe Handtuch und Bademantel vor Ort | **Tipp** Villa Julia (10 Boulevard Edmond Rostand), 1880 vom Vater Edmond Rostands für die Sommerfrische gebaut. Mehr als 22 Sommer verbrachte der junge Dichter hier mit seinen Eltern, man sagt, die berühmte Balkonszene aus »Cyrano von Bergerac« sei vom Balkon der Villa Julia inspiriert.

11 Das Wohnhaus der Fittkos

Mut und Freiheit im Jahre 1940

»Mein Leben wird ein Ende finden in einem kleinen Dorf in den Pyrenäen, wo mich niemand kennt«, so schrieb es Walter Benjamin an seinen Freund Adorno. Er sollte recht behalten. Eigentlich fehlte dem jüdischen Philosophen nur ein französisches Visum für die Ausreise nach Spanien, doch die Vichy-Regierung war von der Gestapo angewiesen, deutschen Emigranten genau das zu verweigern. Also wollte der Kulturkritiker über die Pyrenäen fliehen. Am 24. September 1940 kommt er in Banyuls an und sucht Lisa Fittko auf. Die österreichische Emigrantin, selbst politisch Verfolgte, sollte ihm helfen, über das Albères-Massiv den rechten Weg einzuschlagen. Von Spanien wollte er weiter nach Portugal und aufs Schiff nach Amerika.

In diesem hübschen Haus mit den kunstgeschmiedeten Balkonen lebten Lisa und Hans Fittko damals im zweiten Stock. Hinein kann man nicht, am Haus verweist kein Schild auf die einstigen Bewohner. Im Rez-de-Chaussée befindet sich heute ein Schönheitssalon, auch die Betreiberin des Salons hat noch nie was von den Fittkos gehört. Doch ein paar Autofahrtminuten entfernt, in Puig-del-Mas, dem alten Banyuls, erinnert ein Stück rostrot ausgerolltes Metall an ihr Wirken und an ihren Weg, durch Geröll und Weinrebstöcke hindurch. Auch Benjamin, nach dem der Chemin Walter Benjamin heute offiziell benannt ist, startete von hier, er erreichte sogar die Grenze. Da die spanischen Grenzsoldaten ihm die Einreise verweigerten, nahm er sich in der Nacht vom 26. auf den 27. September 1940 in Portbou das Leben. »Geschichte schreiben heißt, Jahreszahlen ihre Physiognomie zu geben«, notierte Benjamin zuvor in seinem Passagen-Werk. Und selbst wenn sie den Schriftsteller nicht retten konnte, dass das Jahr 1940 trotz aller Grausamkeit auch das Antlitz von Mut und Freiheit trug, lag für zahlreiche Verfolgte des NS-Regimes und Vichy-Frankreichs an Lisa Fittko.

Adresse 16, Avenue du Puig del Mas, 66650 Banyuls-sur-Mer | **Anfahrt** D 914, 2. Kreisverkehrausfahrt auf Avenue Alain Gerbaut (weiterhin D 914), die Zielstraße geht rechts ab | **Tipp** Die Association Walter Benjamin recherchiert zum Leben des Philosophen und zu seiner Zeit in Banyuls und lässt Interessierte über Konferenzen, Vorführungen oder Spaziergänge an den Ergebnissen teilhaben, Programmhinweise im Tourismusbüro von Banyuls.

12 Der Jacuzzi im Ciéléo

Dem Himmel so nah

Für diesen Blick aus dem Jacuzzi auf die Gipfel Pic de l'Ardiden (2.988 Meter) und Pic de Chanchou (2.565 Meter) muss man ins höchste Thermalbad Frankreichs reisen, das folgerichtig Ciéléo heißt – *ciel* bedeutet Himmel im Französischen. Dem ist man hier auch ziemlich nah: Auf 1.250 Metern liegt das Dörfchen Barèges, zweitältester Skiort Frankreichs, der, mit La Mongie verknüpft, zum größten Skigebiet der französischen Pyrenäen gehört, dem Grand Tourmalet. Und auch wenn der Ort sehr klein und sehr entlegen ist – bekannt ist er schon lange: Bereits Julius Caesar hat seine Soldaten hierhergeschickt. Nicht für den Wintersport, sondern weil das schwefelhaltige Wasser des kleinen Kurorts an der westlichen Rampe zum Col du Tourmalet schon damals dafür bekannt war, bei Verletzungen Heilprozesse anzustoßen.

Durch das Tal fließt der Bastan, ein Flüsschen, das beim verheerenden Hochwasser im Juni 2013 zur Schmelzwasserflut anschwoll und mehrere Häuser mit sich riss, darunter auch das älteste Hotel des Ortes, in dem seinerzeit Madame de Maintenon logierte. Sogar die Geliebte des Sonnenkönigs soll von den heilenden Wassern und der Aussicht dieses kleinen Pyrenäendorfs begeistert gewesen sein. Heute, 300 Jahre später, teilen sich arthritische Krankenkassen-Patienten auf dreiwöchiger Kur und Spa-Besucher mit Ein- oder Zweistundentickets die Thermalpools unter den hohen Glasrotunden. Den Jacuzzi verlässt man nur, um dem Nacken eine Auszeit unter Wasserfalldüsen zu gönnen. Oder eine Schicht Barégine. Dieses entzündungshemmende, wundheilende Protein ist eine weitere Besonderheit von Barèges, dessen Namen es in sich trägt. Es wird in einem Kellerraum der Thermalanlage von Mikroorganismen produziert und anschließend zu Cremes verarbeitet. Und gleich vor Ort einmassiert. Merke: Ein Schwefelbakterium aus dem Keller kann Himmlisches leisten. Im Ciéléo allemal.

Adresse Rue Ramond, 65120 Barèges | Anfahrt über die D 918 | Öffnungszeiten ganzjährig geöffnet, aber mit längeren Pausen | Tipp Die Heidelbeer-Tarte mit Mürbteigboden, vanillisierter Crème pâtissière und einer dicken Schicht Heidelbeeren im Gelatineguss ist eine Spezialität in den Pyrenäen, aber dürfte man sie im ganzen Leben nur einmal essen, wäre es »Chez Louisette«, in der »Auberge du Lienz« oberhalb von Barèges.

13 Der Fluss Labouiche

Venezianische Bootsfahrt – 60 Meter unter der Erde

Rund 900.000 Jahre ist diese Höhle alt. Das mag für uns Menschen beeindruckend klingen, doch für so eine Kaverne ist das noch gar nichts. Schon die Tatsache, dass noch immer Wasser durch sie fließt, bezeugt ihre Jugendlichkeit. Hat der Labouiche doch weder sein Bett gewechselt, noch ist er inzwischen ausgetrocknet. Die Unterwasserhöhle des prähistorischen Flüsschens, rund 60 Meter unterhalb der Erdoberfläche, wurde 1908 durch Zufall entdeckt. Seit 1938 touristisch erschlossen, wirbt die Stätte bis heute damit, die längste unterirdische Flussfahrt Europas anzubieten. Über eine Strecke von 1.500 Metern hangeln Bootsführer die nicht motorisierten Nachen an Seilen den Fels entlang. Singen wollen die *canotiers* dabei nicht, aber ansonsten gefällt ihnen ihre Arbeit im »Venedig der Ariège«, wie die Höhle in der Region gern genannt wird. Unterwegs erklären sie die Namen der durchfahrenen Tropfsteingalerien, allesamt benannt nach den Umrissen ihrer Versteinerungen: Die Pièce Montée etwa sieht aus wie eine französische Hochzeitstorte. Medusen heißen die Disken aus Kalkstein, an denen man leicht Tentakel erkennt. Und ins Village des Schtroumpfs, das Schlümpfe-Dorf, hat ein speläologischer Scherzkeks tatsächlich einen kleinen Plastikschlumpf eingeschleust.

Noch verblüffender sind allerdings andere kleine Grottenbewohner: Im Sommer ist das Wasser so klar, dass man bis zum Grund sieht, der häufig auch nur einen Meter tief ist. Und so erblickt man mit etwas Glück den endemischen Wassermolch der Pyrenäen, den Euprocte des Pyrénées. Über diesen Vorfahren des Salamanders, dessen Ursprung bis zurück zu den Zeiten der Dinosaurier reicht, freut man sich besonders, bezeuge eine Quelle mit Euprocte doch hervorragende Trinkqualität. Geschmacklich kommt Euprokten-Wasser vielleicht nicht ganz an einen venezianischen Spritz heran. Egal: cincin!

Adresse 09000 Baulou | Anfahrt D 117, rechts auf Rue de l'Espinet (D 1), links auf Pont de Vernajoul (D 1), Ziel liegt an der D 1 | Öffnungszeiten Anfang April–Mitte Nov., Vorsicht: Rund 200 Stufen sind zu bewältigen, um zu den Booten zu kommen! | Tipp Bei La Coutellerie Savignac in Foix erfährt man viel zur lokalen Messerkunst. Olivier Montariol verkauft das Capucin, ein seit Jahrhunderten in der pyrenäischen Tradition verankertes Bauernmesser, der Griff geschnitzt aus dem Horn der Kuh – oder das rundere Ariégeois, ein Savignac-Patent.

14 Aufs Klo bei Cazenave

Trinkschokoladen und Treppenhäuser

Von Bayonne aus fing der Siegeszug von Schokolade durch Frankreich an. Über das Städtchen gelangte das Kakaoprodukt im frühen 17. Jahrhundert erstmals ins Land, und es war auch die erste Stadt des Hexagons, in der Schokolade hergestellt wurde. Im Laufe des 18. Jahrhunderts entwickelte sich die Schokoladenfabrikation europaweit weiter, doch in Bayonne und dem übrigen Baskenland wurde es zu einer wahren Spezialität. Angesichts dieser Historie macht sich das 1854 gegründete Schokoladenatelier Chocolatier Cazeneuve fast jung aus. Dennoch sollte man unter den Arkadenbögen der Rue Port Neuf oder im Jugendstil-Intérieur des Salons ein Päuschen beim Stadtbummel einlegen und die Spezialität des Hauses bestellen, *Le Mousseux*: Die traditionsbewusst per Hand aufgeschlagene Trinkschokolade (wahlweise mit Wasser oder Milch zubereitet) mit dem schäumend-fluffigen, luftblasenreichen Häubchen wird in geblümtem Porzellangeschirr aus Limoges serviert, begleitet von einem Schälchen geschlagener Sahne.

Den Chocolatier sollte man aber noch aus einem ganz anderen Grund besuchen: Wer hier konsumiert, darf durch die weiße Holztür rechter Hand der Auslagevitrine eintreten und erreicht dort über ein beeindruckendes, raumgreifendes Treppenhaus mit gedrechselten Holzbalustraden und -balkonen die Toiletten des Kaffeehauses. Bayonne wurde nie zerstört. Die unter Ludwig XIV. erbauten Festungsmauern schützten die Stadt so gut, dass hier noch immer 850 dieser wunderbaren Treppenhäuser aus Holz erhalten sind. Die ältesten – wie eben die *Escalier* der Schokoladenmanufaktur – reichen zurück bis ins 17. Jahrhundert. Doch sind diese Treppen nur in wenigen Häusern frei zugänglich. Bei Cazenave darf man hinein – wenn man eben ein Café-Gast ist. Falls es also tatsächlich Menschen geben sollte, die einen zusätzlichen Grund brauchen, um Schokolade zu essen: In Bayonne finden sie ihn.

Adresse 19 Rue Port Neuf, 64100 Bayonne | Anfahrt A 64, Ausfahrt 1 Bayonne-Centre, dann D 635, 1. Kreisverkehrausfahrt auf Avenue Capitaine Resplandy, dann Allée Boufflers, über Place du Réduit und Pont Mayou, Beschilderung Parking Gaulle (Place Charles de Gaulle), zwei Minuten Fußmarsch zum Café | Öffnungszeiten Di–Sa 9.15–12 und 14–19 Uhr, in den Schulferien auch Mo | Tipp Auch wenige Häuser weiter, in der 32 Rue Port Neuf, darf man ins Wohnhaus aus dem 19. Jahrhundert eintreten, um zu bestaunen, wie sich die elegant schwebende Wendeltreppe über vier Stockwerke bis zum kleinen Glasdach hinauf hochschraubt.

15 Béret de France

Das Käppi des Kaisers

Was Sie hier sehen, ist eigentlich so nicht mehr zu sehen. Hinter diesem zierlich geschmiedeten Tor hatte 2013 eine Béret-Fabrik mitten im Béarn eröffnet, ganz der Historie dieser typisch französischen Kopfbedeckung verpflichtet. Denn auch, wenn man sie als »Baskenmütze« kennt, sei das Käppi doch, so betonen es die Béarnais gern, einzig und allein ihre Erfindung gewesen. Ohne Napoléon III. würde sie vielleicht sogar immer noch Béarnaiser Mütze heißen. Aber der Kaiser entdeckte das Filzprodukt nun mal in Biarritz, woraufhin er es *béret basque* nannte. Und wer mag schon einem Kaiser widersprechen?

Nun, im Dörfchen Laàs hatte man es zumindest eine Zeit lang versucht: Pascal Muteau und seine Frau Evelyne – eine echte Béarnaise, präzisiert ihr Mann stolz – sind seit 25 Jahren im Béret-Business. Und bis August 2018 passierte bei Béret de France alles – von der ersten gestrickten Masche bis zum Endprodukt – genau hier im Béarn: das Mützenstricken der »tricotage«. Die anschließende »foulonnage«, bei der die Mützen in großen Waschmaschinen absichtlich auf einen Durchmesser von 28 Zentimetern geschrumpft und verfilzt werden. Die »enformage« auf einem hölzernen Kopfmodell. Bis zur abschließenden »rasage« des getrockneten Bérets, bei der Wollüberschuss abgenommen wird, bis nur ein sehr kurzer, weicher Filz übrig bleibt.

Aus dem Béarn wurden die fertigen Bérets dann in die Pariser Galeries Lafayette Haussmann geschickt oder nach Russland, Japan und Australien. In 21 Farben – aber nur einer Größe: »Die hat sich seit dem Mittelalter, als das Béret von den Schäfern der Vallée d'Ossau erfunden wurde, nicht verändert«, so Muteau. Und jetzt das: Der Betrieb sei so erfolgreich gewesen, dass man sich hätte vergrößern müssen. Also sind sie umgezogen. Nach Bayonne! Ins Baskenland! Es scheint, als behielte Napoléon III. selbst in der Fünften Französischen Republik noch das letzte Wort.

Adresse 26, Chemin de Trouillet, 64990 Bayonne | **Anfahrt** A 64, Ausfahrt 6-Bayonne-Nord auf D 810, von dort rechts ab auf Zielstraße | **Öffnungszeiten** Mo–Do 8–12 und 14–17 Uhr, Fr 8–12 und 14–16 Uhr, Führungen nach Voranmeldung | **Tipp** Auch das Musée Basque et de l'histoire de Bayonne nimmt sich den Bérets an, etwa dem rot bestickten Exemplar, das Maria Christina von Spanien im 19. Jahrhundert Indalecio Sarasqueta verehrte, einem der ersten Pelota-Profis überhaupt.

16 Le Trinquet Saint-André

Party oder Pelota-Partie?

Pelota wird rasant gespielt. Die baskische Ballsportart erinnert ein wenig an Squash, denn auch hier spielen die Gegner auf die gleiche Mauer. Im Trinquet Saint-André wird allerdings die älteste Spielvariante der *pelote* bevorzugt: *à main nue*, mit bloßer, aber wegen der Verletzungsgefahr verbundener Hand pfeffern die Spieler, die *pelotari*, den hart ansausenden Lederball mit Kautschukkern, spätestens bevor er ein zweites Mal knallend auf dem Hallenboden aufschlägt, zurück an die zu bespielende Mauer (außerhalb der Wettkämpfe gibt es aber auch eine *pelote*-Version mit Holzschläger, der *pala*). Gespielt Mann gegen Mann oder in Zweierteams zu viert, bietet dieses Spiel viele Möglichkeiten, Punkte zu verlieren, etwa wenn der Ball die Mauer nicht oberhalb der auf 80 Zentimeter Höhe angebrachten Linie trifft. Hinzu kommen ins Spielfeld eingebaute Schikanen wie der *xilo*: Diese rechteckige Vertiefung in der Mauer ist im Eintrittsbereich 60 Zentimeter breit, während sie sich dahinter auf 30 Zentimeter verjüngt. Den Ball im schnellen Spiel hineinzubugsieren gilt als wahrer Meisterstoß und wird ordentlich bejubelt – denn beim Wiederaustritt fällt es dem Gegner schwer, die Flugbahn einzuschätzen.

Dieses älteste Trinquet Frankreichs wurde im frühen 17. Jahrhundert für das *Jeu de Paume* genutzt, selbst Ludwig XIV. soll hier schon gespielt haben. Seit Ende des 19. Jahrhunderts schreibt sich der Spielort nun als Pelota-Halle in das populäre Viertel Petit Bayonne ein. Auf der benachbarten Place Saint-André werden zum Stierlauf des Volksfests Fêtes de Bayonne die Tiere freigelassen, eine Million Besucher schieben sich bei diesem zweitgrößten baskischen Fest (nach den Sanfermines in Pamplona) durch die Altstadtgassen des Städtchens mit knapp 50.000 Einwohnern. Zu viel Party? Auf zur Pelota-Partie! Die Donnerstags-Spiele in Saint-André sind nämlich auch eine Institution. Aber entspannter.

Adresse 4 Rue du Jeu de Paume, 64100 Bayonne | **Anfahrt** A 64, Ausfahrt 1 Bayonne-Centre, dann D 635, 1. Kreisverkehrausfahrt auf Avenue Capitaine Resplandy, links auf Rue de Ravignan, parken an der Place Paul Bert, Ziel in Fußgängerzone | **Öffnungszeiten** Die Donnerstags-Partien finden immer um 16 Uhr von Okt. bis Juni statt. | **Tipp** Das angeschlossene Bistrot »Brasserie du Trinquet« ist *très charmant* und ganzjährig von dienstags bis samstags geöffnet, es gibt Mittag- und Abendessen.

17 Das Nähmaschinen-Atelier

Stille in Bayonne

Im Quartier du Grand Bayonne, dem ältesten Viertel der Stadt, hinter der Kathedrale, deren Kreuzgang einst der größte gotische *cloître* Frankreichs war, befindet sich die Rue des Faures. In der schmalen Fachwerkgasse reihen sich die Ateliers von Buchbindern, Mosaizisten und Vergoldern. Schon im Mittelalter war hier Kunsthandwerk angesiedelt, das Sträßchen heißt nach der Körperschaft der Schmiede, den *forgerons*, im hiesigen Dialekt *faures* genannt. Genau hier wurde im 17. Jahrhundert das Bajonett erfunden, das seine Herkunft ja auch im Namen trägt. Heute geht es hier freilich friedlicher zu. Und stiller, denn Silence hat in der Gasse sein Atelier. Eigentlich heißt der Franzose Francis Chopin. Aber, so erklärt er: »Wir Obdachlosen geben uns gern einen *nom de rue*«. Seinen »Namen der Straße« hat Silence gefunden und seinen Platz auch. Denn auch, wenn der Franzose noch immer ohne festen Wohnsitz ist, hat er doch sein Atelier mit über 100 Jahre alten Nähmaschinen, die er sammelt, restauriert und bei kleinen Auftragsarbeiten auch gern einsetzt.

Bekannt wurde Silence in Bayonne aber nicht für seine Geschicklichkeit, sondern weil er 2012 eine zweimonatige Radreise von Bayonne nach Paris unternahm, die er »Gang eines Bürgers« nannte und deren zivilpolitische Aussage in vielen Medien Beachtung fand. Chopin, damals Mitte 50, radelte mit seinem Gepäckanhänger von Gemeinde zu Gemeinde und hielt alle 20 Kilometer, um die Ratschläge der Anwohner für den Élysée-Palast in einem Brief zu sammeln, den er dem damaligen Staatspräsidenten Nicolas Sarkozy zu überbringen gedachte. Der hatte ihn zwar nicht empfangen, sein Staatssekretär aber schon. Mehr Empathie und Respekt für die kleinen Leute, das sei sein wichtigster Punkt gewesen, erinnert Chopin sich heute. Wer schweigt, stimmt zu, heißt es in einem Sprichwort. Das gilt aber bestimmt nicht für Silence.

Adresse 3 Rue des Faures, 64100 Bayonne | **Anfahrt** am Ortseingang auf Avenue de l'Aquitaine (D 810), über Giratoire du Bastion Royal nach links Pont du Génie, über Rue Tour de Sault auf Blvd Rempart Lachepaillet, rechts in die Zielstraße | **Öffnungszeiten** Eigentlich arbeitet er immer im Viertel, entweder an seinen Nähmaschinen oder im Glaskunstatelier aus dem folgenden Tipp. | **Tipp** In der 20 Rue Vieille-Boucherie macht Silence derzeit eine Lehre bei der iranischen Glaskünstlerin Mojgan Garenne und restauriert mit ihr Vitraux aus dem 19. Jahrhundert.

18 Die Limonade von Fontestorbes

Erfrischung seit 1885

Das Außergewöhnlichste an dieser Limonade ist natürlich die Quelle, aus der sich ihr Wasser speist. Die Fontaine de Fontestorbes ist nämlich eine intermittierende Karstquelle. Das lateinische Verb *intermettere* bedeutet »unterbrechen«. Und tatsächlich wird diese Limonade mit einem Wasser hergestellt, dessen Quelle in regelmäßigen Abständen versiegt. Das Phänomen ist allerdings nicht immer zu beobachten. Vom Winter bis in den frühen Sommer hinein führt die Quelle aufgrund des abundanten Regen- und Schmelzwassers, das durchs Kalkmassiv bis in ihr unterirdisches Wasserreservoir sickert, viel zu viel Wasser, um diesen hydrologischen Trick vorzuführen. Von Mitte Juni bis Ende November jedoch tost das Quellwasser etwa 30 Minuten lang aus der Stollenöffnung, ebbt dann immer mehr ab, bis es nur noch müde tröpfelt und sich anschließend der Zyklus, der zeitlich zwischen 60 und 90 Minuten variieren kann, immer wieder wiederholt.

Mit einer durchschnittlichen Durchflussmenge von 1.800 Litern pro Sekunde ist diese intermittierende Quelle eine der ergiebigsten Frankreichs. Eine weitere Besonderheit sei der ideale pH-Wert des Wassers, sagt Limonadenfabrikant Laurent Michau. Der liegt bei 7,8, und genau das bräuchte es für »die beste Limonade«, nickt der Franzose lächelnd. Seit 1885 wird die Limonade de Fontestorbes nach gleichem, geheimem Rezept hergestellt: Ein Gemisch aus Quellwasser, Sirup, parfümierten Essenzen, vor allem *au citron*, mit Kohlendioxid versetzt. Seine Ein-Liter-Glasflaschen mit Pfand muss er in Deutschland beziehen, da Frankreich gar kein Pfandsystem hat. 2014 hat der studierte Betriebswirt vom damaligen Eigentümer, der aus Altersgründen aufhörte, übernommen. Er habe es nicht hinnehmen wollen, dass diese Tradition verschwindet. Also sprudelt die Limo jetzt wieder – wie, nun ja, wie eine intermittierende Quelle.

Adresse 23 avenue de Fontestorbes, 09300 Bélesta | Anfahrt von Ortsmitte Bélesta über Place du Général de Gaulle auf Rue Lafayette, rechts auf Rue du Pont (D 9), Ziel auf der rechten Seite | Öffnungszeiten Im Juli und August ist die Abfüllanlage samt Laden täglich geöffnet, ansonsten auf Vereinbarung. | Tipp Rund einen Kilometer von der Limonadenproduktion entfernt befindet sich die Quelle. Ihr gegenüber, gleich an der waldgesäumten Straße, gibt es eine hübsche Snackbar und einen Kletterpark (Crapahut Parc Aventure).

19 Domaine Riberach

Bonne Nuit im Betontank

Als der Architekt Luc Richard 2006 das Weingut Riberach mitbegründete, wollte er zunächst nur ein verlassenes Terroir aus der Vergessenheit holen. »Im ersten Jahr haben wir im Weinkeller meines Großvaters gearbeitet, der wurde aber schnell zu klein«, erinnert sich der gebürtige Marseillais, der hier, in der Heimat seiner Mutter, als Kind sämtliche Sommerferien verbracht hatte. Im Ort stand bereits seit 1995 der Riegelbau der Winzergenossenschaft leer – und damit auch deren Betontanks, das passte doch gut. Richard erwarb das Gebäude von 1925 gemeinsam mit seiner Partnerin, der deutschen Architektin Karin Pühringer. Jetzt waren die Größenverhältnisse fürs junge Naturwein-Winzerkollektiv umgekehrt: »In einen dieser Tanks passten 500 Hektoliter, das entsprach in den Anfängen unserem Lesegut aus zwei Jahren«, berichtet der Südfranzose. Schnell war klar, dass aus dieser Kooperative mehr werden sollte als nur eine Weinkellerei.

Heute sind hier ein Vier-Sterne-Hotel und ein michelinbesterntes Restaurant untergebracht. Für sieben der 18 Zimmer wurden *cuves,* die ehemaligen Betontanks, umgebaut. Deren Vergangenheit lässt sich zwar an den abgerundeten Ecken noch ablesen, doch ist die einstige Undurchlässigkeit längst einem lichten, freundlichen Raumgefühl gewichen: Insgesamt 46 Öffnungen wurden mit der Diamantsäge mühsam durch die 65 Zentimeter dicke Außenmauer und die 25 Zentimeter dicke Betonwand geschnitten. Die Zahlen auf den Tanks unterscheiden nun nicht mehr Abfüllungen, sondern Zimmer, für die jeweils zwei oder drei der Betonkuben zusammengelegt wurden. Ihre Umfunktionierung ist nicht die einzige Synthese von vermeintlich Inkompatiblem: Im Sterne-Restaurant »La Coopérative«, wo einst die Weinpresse stand, bietet Ducasse-Schüler Laurent Lemal seine Interpretation von *Patatas bravas* an – mit Schokoladen-Knoblauchdip. Und jawohl: Das funktioniert auch.

Adresse 2 Route de Caladroy, 66720 Bélesta | **Anfahrt** über die D 38 | **Tipp** Das runde Brot »La Boule«, das im Hotelrestaurant serviert wird, hat ein *meilleur ouvrier de France* gebacken: in Ille-sur-Têt betreibt Henri Poch seine Bäckerei »Le Couvent« mit Sohn Quentin, dem 2016 bereits der Preis fürs beste Croissant des Départments Pyrénées-Orientales überreicht wurde.

20 Die Wanderweidewirtschaft

Hirten für drei Tage: transhumante Touristen

Den Stock in der Hand, das Klingen der Kuhglocken im Ohr und ab und zu spitz pfeifen, um dem Hund Befehle zu geben. Bei Kattalin Pommies sieht so ein Hirtenleben ganz schön einfach aus. Eigentlich hat die junge Frau die Wirtschaftsschule in Pau besucht. Aber jetzt ist sie doch wieder auf der Ferme de Maria Blanca gelandet, dem Hof ihrer Eltern im Ossau-Tal. Obwohl – oder gerade weil – es in ihrem Heimatort Bielle im Nationalpark Pyrenäen nicht viel anderes gibt als Bauernhöfe, Tierzucht und Käsereien.

Mit ihrem Vater Jean-Pierre bringt sie die Herden im Sommer von der Weide in der Ebene hinauf ins Gebirge. Transhumanz nennt man diesen temperaturbedingten saisonalen Wechsel der Weidegebiete. »Es gibt Regeln in den Bergen. Man kann nicht rauf- und runtersteigen, wann es einem passt«, präzisiert die Jung-Bäuerin. So findet eine der sieben Transhumanzen der Pommies' am ersten Juli-Wochenende statt, wenn sie mit den *Blondes d'Aquitaine* und *Gasconnes* hinauf zu den kräuterreichen Wiesen im Hochgebirge ziehen. Seit etwa zehn Jahren begleiten die Pommies' aber nicht nur Kühe oder Schafe auf den Berg, sondern auch Touristen. Und das Familiengespann weiß um die Ansprüche heutiger Wanderer: »Wir kümmern uns um alles: um die Schutzhütten in den Bergen, die Picknicks mit Bauernhof-Produkten und dass das Gepäck in die Hütten gebracht wird, damit niemand schwer tragen muss.« Fünf bis sechs Stunden täglich ist man dann im gemächlich-steten Bergschritt des Viehs zu Fuß unterwegs. Das saftige Gras unter den Schuhen federt jeden Schritt. Die Transhumanz hält die Berge lebendig, nickt Kattalin und fügt hinzu: »Man spürt, wie zufrieden die Tiere sind, wenn man ihnen die Glocken umhängt und sie wissen, dass es zur Transhumanz geht.« Bei den Touristen spürt man das übrigens ebenfalls, wenn auch ohne Glocken.

Adresse Ferme de Maria Blanca, Plâteau du Bénou, 64260 Bielle | Anfahrt auf D 924 das Plâteau hinauf, bei Ginde rechts ab | Öffnungszeiten Die dreitägige Transhumanz beinhaltet zwei Übernachtungen und Picknicks in den Bergen. Wanderung in einer Gruppe von etwa 20 Personen. Eigenen Schlafsack mitbringen. | Tipp Die Cromlechs von Lou Couraus liegen nur rund 500 Meter vom Hof der Pommies' entfernt. Es sind zwar nicht seine Kühe, die in den Steinkreisen grasen, die Gräber aus der Eisenzeit markieren, aber den Weg kann Jean-Pierre Pommies dennoch weisen.

21 Pau Golf Club 1856

Der erste Golfplatz Kontinentaleuropas

Natürlich sollen es Schotten gewesen sein, die den Golfsport in der ersten Hälfte des 19. Jahrhunderts in Frankreichs Südwesten gebracht hatten. Zum ersten Mal wurde hier wohl während der napoleonischen Kriege abgeschlagen. Damals hatte die Armee des 1. Duke of Wellington im nahen Pau Quartier bezogen. Unter den Offizieren, so erzählt man es bis heute im Golfclub, habe es zwei Schotten gegeben, die trotz Kriegsmission ihre Golfschläger eingepackt hatten. Die Ebene von Billère hatte es ihnen wohl besonders angetan. Sie kamen nämlich zurück und gründeten 1856 auf fast 34 Hektar Land den Pau Golf Club, den somit allerersten Golfplatz außerhalb britannischen Bodens in Kontinentaleuropa. Im Ersten Weltkrieg wich ein zusätzlich für die Damen angelegter Golfplatz zwar Kartoffelfeldern, aber ansonsten blieb vieles gleich: Damals wie heute lauscht man an Loch 9 dem Rauschen des Gave de Pau, damals wie heute durchwühlen Wildschweine den Platz nach Essbarem, zum Ärger der Gärtner, die das braun durchpflügte Grün dadurch ständig mit Grasflicken ausbessern müssen. Und damals wie heute fühlen sich frankophile Brit-Senioren hier daheim, wenn man auch derzeit nicht genau weiß, inwieweit der Brexit das ändern könnte.

In den ersten 50 Jahren durften nur Briten den 18-Loch-Platz spielen, Franzosen wurden damals höchstens als Caddies akzeptiert. Apropos Akzeptanz: Wer Mitglied werden wollte, musste sich bis 2015 einem Wahlritual stellen, bei dem das wichtigste Utensil ein schwarz-weißes Blechkistchen war, dessen interne Murmelbahn in ein Schublädchen führte: Ließ auch nur ein wahlberechtigtes Mitglied eine schwarze Kugel ins Kästchen fallen, war der Bittsteller *black boulé* – und ihm somit die Aufnahme verwehrt. Inzwischen steht das Objekt zwar funktionslos in einer Ecke des viktorianischen Clubhauses, aber die Mitgliederwahlen, pst!, sind noch immer geheim.

Adresse Rue du Golf, 64140 Billère | Anfahrt D 802, dann Avenue Albert 1er Richtung Bizanos-centre, über Rue Georges Clemenceau auf Avenue Jean Biray, auf Rue d'Étigny, Zielstraße links | Öffnungszeiten täglich 8.30 – 18.30 Uhr | Tipp Le Belvédère in Pau bietet Übernachtungsplatz für vier (ist aber schöner zu zweit, gibt Besitzer Jean Sanchez gleich zu) und einen Blick über den Boulevard des Pyrénées bis zum Pyrenäenkamm. Sanchez hat das gläserne Türmchen auf dem 19.-Jahrhundert-Gebäude rundüberholt und modern eingerichtet. Buchbar über Airbnb.

22_Der Freiluftsportort

Spaß im Skigebiet. Mit oder ohne Schnee

»Le Mourtis ist eigentlich kein Skigebiet«, begrüßt François Gillaizeau den Ankömmling im 1.100-Betten-Feriendorf, »sondern ein Freiluftsportort«. Der Franzose hat für die Station oberhalb des Bergpasses Col du Menté, dessen Steilheit dafür berüchtigt ist, einige Tour-de-France-Teilnehmer aus dem Sattel gehoben zu haben, ein neues Konzept ersonnen. Denn trotz der roten, blauen und schwarzen Pisten, die über Nord-, Süd- oder Westberghang von 1.860 Metern Höhe abwärts führen, wollte man sich für wärmere Monate als aktionsgeladene Open-Air-Sport- und Spielstätte in Position bringen – auch, um den Skitouristen in nicht immer schneesicheren Pyrenäenwintern eine Alternative zu bieten.

»Noch 2013 gab es hier für die Sommerzeit keine Angebote«, erinnert sich Gillaizeau an den Startschuss. In wenigen Jahren sind Aktivitäten wie das Disc-Golf dazugekommen. Bei diesem Outdoor-Spiel versuchen Teilnehmer ab sechs Jahren, dem abschüssigen Parcours zum Trotz einen Frisbee in kleinen, an Metallständern aufgespannten Netzen zu versenken, stets darauf achtend, den Kuhfladen auszuweichen, damit keine verschossene Plastikscheibe darin landet.

Man kann aber auch mit dem Mountainbike in fünf Kilometern Schussfahrt – oder eben elf familientauglich sich windenden Kilometern – in den Talort Boutx hinunterfahren und danach vom Pendelbus wieder abgeholt werden. Oder man wandert mit Eseln, besteigt den Kletterparcours in Baumkronen, leiht sich ein Fatbike. Oder eine Trottinette, eine Mischung aus Tretroller und Mountainbike, die beim Runterfahren die Glieder ordentlich durchrüttelt. »Es ist möglich, eine ganze Woche mit unterschiedlichen Aktivitäten zu verbringen, ohne sich zu wiederholen«, nickt Gillaizeau stolz über das zwischenzeitlich aufgestockte Programm. Vielleicht ist Le Mourtis ja tatsächlich bald der erste Skiort, in dem sich ein Urlaub ohne Schnee sogar noch mehr lohnt als mit.

Adresse Le Mourtis, 31440 Boutx | **Anfahrt** vom Dorf Boutx führt die D 44 bis hinauf zur Station | **Tipp** Im Berggasthof »Gîte Auberge La Soulan« lebt auch der freundlichste und hübscheste *Patou* der Pyrenäen – wenn er sich nicht gerade wieder für mehrere Wochen aus eigenem Antrieb einer Schafherde angeschlossen hat. »Die Gene«, sagt sein Herrchen, der belgische Auberge-Besitzer, der im Gîte auch eine Bar mit exzellenter Auswahl an belgischem Bier betreibt.

23 Le Pech de Bugarach

Rendezvous zum Weltuntergang

Als der von den Maya angekündigte Tag des Weltuntergangs, der 21. Dezember 2012, näher rückte, hieß es auf einschlägigen Internetseiten, der Berg Pech de Bugarach wäre der einzige Ort auf Erden, der verschont würde. Ufologen vermuteten eine Garage für außerirdische Flugobjekte im Inneren des Berges als Teil des Rettungsprogramms. Viele Journalisten kamen daraufhin ins 240-Einwohner-Dorf, die Welt erfuhr von Bugarach. Aber schon zuvor hatten die Bewohner reichlich Besuch von Schamanen, Hippies und Esoterikern.

Jean-Pierre Delord ist seit 1977 Bürgermeister von Bugarach. Seit über 50 Jahren wohnt der Franzose im Ort, und schon damals habe es spirituelle Spekulationen um den Berg gegeben. Sogar für Geologen ist die Besonderheit des Pechs ein Fakt: Dieser mit 1.230 Metern höchste Gipfel der Corbières ist nämlich ein »umgedrehter Berg«, ein Kuriosum aus der Zeit der Entstehungsgeschichte der Pyrenäen. Als die europäische Platte auf die iberische traf, schoben sich hier die ältesten Gesteinsschichten über die jüngeren. So ist der Pech de Bugarach oben 135 Millionen Jahre alt – und unten schlappe 15 Millionen.

Die Dorfbewohner sind über den Bekanntheitsschub Bugarachs mal mehr amüsiert, mal weniger. Einige hätten kurz vor dem Maya-Kalenderstichtag noch versucht, ihre Liegenschaften zum drei- oder vierfachen Grundstückspreis an den Mann zu bringen, erzählt Delord heute, aber wenige seien dabei erfolgreich gewesen. Er selbst habe vor einigen Jahren einer reichen Amerikanerin erklären müssen, dass der Pech nicht zu verkaufen sei. Es kann übrigens tatsächlich vorkommen, dass man am Dorfrand einem Außerirdischen begegnet. Das ist Paul, den ein früherer Anwohner und Spaßvogel dort als selfietaugliche Touristenattraktion errichtet hat. Doch selbst Paul hat wohl manchmal genug vom Hype. »Dann versteckt er sich«, nickt der Bürgermeister, »er kommt aber auch immer wieder heraus.«

Adresse 11190 Bugarach | Anfahrt über die D 14 und die D 45 | Tipp Raubvögel lassen sich am Observatoire des Vautours, nur wenige Autominuten vom Dorf entfernt, an der Départementale 14 (Richtung Rennes-le-Château) beobachten. Alle zwei Wochen wird den Geiern ein Tiergerippe hingeworfen. »Sie sind die wahren *ovnis* von Bugarach!«, scherzt der Bürgermeister und münzt den französischen Begriff für unbekanntes Flugobjekt um zum Akronym für *objet volant nécrophage identifié*, dem »identifizierten, aasfressenden Flugobjekt«.

24__Notre-Dame-des-Anges

Meisterliches aus Cabestany

Eigentlich behaut man die Unterkante eines Tympanons nicht. Das Portalbogenfeld selbst, ja, das ist fast immer reich mit biblischen Szenen oder Ornamenten verziert, wird aber üblicherweise vom Türsturz des Kircheneingangs gestützt und die untere Schmalseite somit verdeckt. Da wäre eine Verzierung ja glatte Zeitvergeudung. Doch dieses Marientympanon, Ende des 12. Jahrhunderts in den weißen Pyrenäenmarmor aus Saint-Béat oder Céret gehauen, birgt auf der Unterseite eine wimmelnde, ineinander verschlungene Tierwelt von Löwe, Affe, Greif. Vielleicht, so lautet eine der Interpretationen, eine Verbildlichung des Psalms 91,13: »Du schreitest über Löwen und Nattern, trittst auf Löwen und Drachen.«

Die Entdeckung des Giebelfeldes bei Bauarbeiten 1930 in der Marienkirche Notre-Dame-des-Anges hat dem Städtchen Cabestany, sieben Kilometer östlich von Perpignan gelegen, aber nicht nur einen Ausnahmetympanon beschert, der heute im Inneren der Kirche ausgestellt wird, sondern auch noch eine kunsthistorische Verortung. Nach ihm wurde der mittelalterliche Künstler nämlich benannt, dessen Geburtsname zwar heute keiner mehr kennt, dessen unverwechselbare Stilelemente – die überdimensionierten Hände, schräg stehende, von Bohrungen links und rechts gerahmte Augen, der klassische Faltenwurf – jedoch zuordbar waren: Der Maître de Cabestany – Meister von Cabestany – hinterließ 120 Werke in Südfrankreich, Nordspanien und in der Toskana. Eines seiner Tympanons hat es inzwischen sogar bis ins Metropolitan Museum von New York gebracht.

Wenige Meter von der Marienkirche entfernt, im Centre de sculpture romane, wird sämtliches, was der Meister je in Stein gehauen hat, als Abguss gezeigt. Aber hier, in der kleinen Kirche, begegnet man ihm im Original. Wenn man Glück hat, sogar ganz allein. Nun ja, abgesehen von den Löwen und Drachen.

Adresse 16, Rue de l'Église, 66330 Cabestany | **Anfahrt** in Cabestany den Schildern »Centre culturel Jean Ferrat« folgen, am Parkplatz des Skulpturenzentrums parken und zu Fuß zur Kirche | **Öffnungszeiten** ganzjährig Di–Sa 9–17 Uhr zur Besichtigung geöffnet | **Tipp** Journées Maître de Cabestany: Bei den Estivales Romanes präsentieren von Juni bis Oktober verschiedene Orte auf der Schaffensroute des Meisters Konferenzen, Lesungen oder Gesänge aus dem 12. Jahrhundert, etwa in der Abtei von Saint Hilaire oder der Marienkirche in Rieux Minervois.

25 Die Villa Arnaga

Im Garten mit Cyrano von Bergerac

Wer durch den Garten geht, will gleich in Versen sprechen. – So klingt es also, wenn man als Einstiegssatz einen Alexandriner verwendet. Das Versmaß, entwickelt in der französischen Literatur, wirkt heutzutage zugegebenermaßen recht antiquiert. Aber für eine Heldenkomödie um einen großherzigen und -nasigen Dichter ist es natürlich genau das Richtige. Das dachte sich wohl auch der Theaterschriftsteller Edmond Rostand, hat er sein Versdrama »Cyrano de Bergerac« doch darin verfasst. Das Pariser Premierenpublikum von 1897 feierte den 29-jährigen Dichter dafür, doch gesundheitlich musste Rostand bald kürzer treten. Eigentlich sollte er in Cambo-les-Bains, einem Kurort im französischen Baskenland, zehn Kilometer nordöstlich der spanischen Grenze, nur seine Rippenfellentzündung auskurieren. Doch es verzauberte ihn so, dass er seine Theatereinnahmen in 15 Hektar Land am Ortsrand investierte. Und mitten darin die Villa Arnaga bauen ließ, eines der ersten Anwesen im rustikalen Schick der neo-baskischen Architektur.

Die Grünflächen zeichnete der Poet selbst. Sehr klassisch, nach Versailler Vorbild. Nichts sollte Blickachse und Symmetrie stören. Im Haus war Rostand dagegen ganz modern: Es gab Elektrizität, fünf Telefone, selbst einen Raum für die kalten Güsse seiner Hydrotherapie. Im Eingangsbereich der Villa fällt der Blick gleich auf die Balustrade linker Hand, von der aus Rostand dem geneigten Publikum seiner Soireen Verse rezitierte. 1991 erhielt Gérard Dépardieu den nationalen Filmpreis César für seine Interpretation der Rolle des Cyrano, der steht jetzt in der Bibliothek unterhalb der Balustrade. Im Stück erörtert der Schriftsteller auch die Definition des Kusses: »Ein Geheimnis, nicht dem Ohr, sondern dem Mund anvertraut.« Oder auf Französisch: »C'est un secret qui prend la bouche pour oreille.« Hach, noch ein Alexandriner, natürlich. He! Wer hat hier »antiquiert« gesagt?

Adresse Route du Docteur Camino, 64250 Cambo-les-Bains | Anfahrt auf D 410 Beschilderung | Öffnungszeiten Ende März–Anfang Nov., Juli, Aug. 10–19 Uhr, ansonsten 9.30–12.30 und 14–18 Uhr | Tipp Während der Sommermonate bitten Schauspieler zur 90-minütigen *Balade théâtralisée* durch die Gärten zu den Stücken Chantecler und Cyrano de Bergerac. Die Verse werden im französischen Original gesprochen, keine Reservierung möglich.

26 Die Kopfüber-Dusche

Abhängen in der Hauptstadt der Niere

Früher war einfach alles besser, sogar die Werbesprüche. So kurbelte man beispielsweise 1875 das Kurleben von Capvern mit dem schönen Spruch an: »Si ta vessie est menacée, Capvern sera la panacée«. Was man ungefähr mit »Ist deine Blase in Gefahr, stellt Capvern das Allheilmittel dar« übersetzen könnte. Capvern, das war schon damals die »Hauptstadt der Niere«. Und das sulfat- und calciumkarbonathaltige Wasser ist tatsächlich auch heute noch anerkannt für seine heilsame Wirkung bei Übergewicht, Diabetes, schlechten Cholesterinwerten, langsamer Verdauung und Sodbrennen. Es ist außerdem die einzige Therme mit Lieferservice: Für die Trinkkur wird frisch abgezapftes Heilwasser sogar bis in die Pensionen der Kurgäste gefahren. Bei Nierensteinen soll man das Wasser morgens nämlich in liegender Position zu sich nehmen, um ihre Ausschwemmung zu vereinfachen. Damit die Patientenschaft dies auch tun kann, wird sozusagen »Heilwasser to lie« serviert.

Ebenfalls einzigartig ist die in Capvern ersonnene *Douche Déclive*. Bei dieser Kopfüber-Dusche schnallt ein *agent thermal*, ein Bäderbetriebsmitarbeiter, den bäuchlings liegenden Patienten auf seiner Liege mit Kippmodus an. Anschließend bearbeitet er dessen Nierenpartie mit einem 39 Grad warmen Wasserstrahl – und zwar zunächst bei einer kopfüber gedrehten Neigung von 45 Grad, dann bei 70 Grad und schließlich bei 90-gradiger Kopftieflagerung. So sollen nicht nur Nierensteine zertrümmert und ausgeschieden werden. Diese erholsame (ja, wirklich!) Position macht auch der Wirbelsäule sehr viel Freude. Doch obwohl all das wirklich guttut, geht es in Capvern *noch* gemächlicher zu als in den anderen Thermalorten der Pyrenäen. Vielleicht wäre es also mal wieder an der Zeit für einen neuen Werbespruch – der ein bisschen mehr nach 21. Jahrhundert klingt: »Was hat die Niere gern? Abhängen in Capvern!« Na bitte, geht doch.

Adresse 480 Rue des Thermes, 65130 Capvern-les-Bains | **Anfahrt** von Capvern-Zentrum auf D 81 (Rue de Provence), scharf rechts auf D 81 bleiben, Ziel liegt 500 Meter weiter | **Öffnungszeiten** neben dem ärztlich verschriebenen Kurprogramm gibt es den touristisch zu nutzenden Badebereich Edenvik, April – Okt. Di – Sa 15 – 19 Uhr, So 14 – 19 Uhr | **Tipp** Das nahe Château de Mauvezin ist verbunden mit dem schillernden Grafen von Foix, Gaston Fébus, der auch die Hymne der Pyrenäen komponiert haben soll. Sein Minnelied aus dem 14. Jahrhundert steht bis heute für das Bündnis zwischen den Bewohnern der Pyrenäen.

27 Musée les Amoureux d'Angélique

Verliebt in Angélique

Von all den bizarren Kunstwesen ihrer Sammlung haben sich Martine und Pierre-Louis Boudra also vor allem in Angélique verliebt. Die schwarze Holzskulptur zeigt ein Frauenbildnis im tief dekolletierten, roten Kleid, einen Besen reitend. Die Figur passt aber auch hervorragend ins Musée les Amoureux d'Angélique, also ins Museum der Verliebten Angéliques. Hier reiht das mäzenatische Paar Arbeiten der »Art Brut« aneinander, vereint autodidaktische, naive oder volkstümliche Kunst zu einem schillernden, skurrilen, vibrierenden Nebeneinander.

Die Boudras, seit über 40 Jahren ein Paar, haben die Ausstellungsstücke oft auf Flohmärkten gefunden, danach die Urheber ausgemacht und ihnen noch weitere Werke abgekauft. »Wir stellen Menschen aus, die mein Mann getroffen hat, oft sind es Menschen aus psychiatrischen Anstalten«, stellt Martine Boudra ihren Mann als treibende Kraft in den Fokus. Die 1949 geborene Martine hat früher als Zugehfrau gearbeitet, der ein Jahr ältere Pierre-Louis in der Stahlindustrie. Nach Carla-Bayle sind sie als Rentner gezogen. Und haben das Museum nur für ihre Künstler eröffnet: »Wir sammeln, um vom Werk dieser Künstler Zeugnis abzulegen. Und wenn sich Käufer finden, stellen wir den Kontakt her.« In den engen Ausstellungsräumen treffen toupettragende Meerjungfrauen auf Kruzifixe, bäuerliche Stillleben auf Geschwader kleinteiliger Fluzeugmodelle und grellfarbene Wimmelbilder auf die wollene Kunstfertigkeit gestrickter Püppchen. Letztere sind von Monique Vigneaux, die ihren Gönnern auch ein Gedicht widmete, das »Le Poète«, Der Dichter, heißt und mit den Worten schließt:

On est rarement maître de se faire aimer / On l'est toujours de se faire estimer. (Selten ist man Meister darin, geliebt zu werden / Man kann es darin sein, Wertschätzung zu erfahren.) Das stimmt für fast jeden. Nur Angélique hatte den rechten Liebeszauber wohl gleich parat.

Adresse Association Gepetto, 09130 Carla-Bayle | **Anfahrt** D 26 bis zur Place de l'Europe in Ortsmitte, zu Fuß weiter in die Gasse rechts vom Rathaus, Eingang bei den bunten Briefkästen | **Öffnungszeiten** Sommer täglich 15 – 19 Uhr geöffnet, ansonsten nach Vereinbarung unter Tel. 0561/688745 | **Tipp** Im Atelier Sensiboot stellt seit 20 Jahren Fabrice Poutrieux handgenähte Stiefel her, von denen auch der Gitarrist von ZZ Top ein Paar besitzen soll. Den Sommer verbringt der Schuster in seinem Atelier in Carla-Bayle.

28 Place de l'Europe

Ein Platz für Europa – und die ganze Welt

Place de l'Europe, Europaplatz, so nennt sich stolz die Dorfmitte dieser kleinen Zitadelle. Andernorts könnte man da schnell mal über Größenwahn spotten. Aber nicht hier. Carla-Bayle ist Geburtsort von Pierre Bayle, dem großen Philosophen der europäischen Aufklärung. Ach, eigentlich waren dem sogar die europäischen Grenzen zu eng: In den Globus überm Brunnen ist sein Gedanke eingemeißelt: *Je suis citoyen du monde* – Ich bin ein Weltenbürger. Im Pyrenäendorf Carla-le-Comte, das inzwischen stolz den Namen seines berühmtesten Sohns trägt, wurde Bayle 1647 geboren. Ihm hätte es gefallen, dass diese kleine 800-Seelen-Gemeinde als allererste im Département Ariège Asylsuchenden aus Afrika und Asien ein Aufnahmezentrum einrichtete.

Natürliches Mitgefühl für Verfolgte sei nun mal die DNA dieser einstigen hugenottischen Festung, bekräftigt der Bürgermeister Jean-Luc Couret. Schließlich musste vor etwas mehr als 300 Jahren auch der Protestant Bayle, verfolgt vom französischen König und der katholischen Kirche, ins Exil. Und beschied in seinem *Commentaire philosophique*: »Es ist also die Toleranz, die Quell des Friedens ist, und die Intoleranz, die Quell von Verwirrung und Chaos ist.«

Der Sozialist Couret, seit 1989 im Amt, hat 25 Jahre damit verbracht, das Dörfchen auf kulturelles Leben auszurichten. Unter seiner Ägide hat sich die Bevölkerung verdoppelt. Allein rings um den Place de l'Europe befinden sich sechs Ausstellungsräume, insgesamt zählt das Künstlerdorf rund 30 Ateliers und Galerien. Man tut kaum einen Schritt, ohne auf eine extravagante Skulptur oder eine mosaizierte Hauswand zu stoßen. In den Sommermonaten bitten sämtliche Kulturschaffende zu *Les Jeudis du Carla*, den Donnerstagen von Carla. Dann stehen quer über die Place de l'Europe Bankettische, und man genießt Weltküche und -musik. *Et oui*: Weltenbürger zu sein ist nirgends einfacher als in Carla-Bayle.

Adresse Place de l'Europe, 09130 Carla-Bayle | Anfahrt über die D 26 | Tipp Seit vier Jahrhunderten befindet sich an dieser Stelle der protestantische Tempel von Carla, der heutige wurde 1884 erbaut. Klingen in Carla-Bayle Hochzeitsglocken, sind es meist die des im Sommer täglich geöffneten Tempels (ansonsten im Museum Pierre Bayle nach dem Schlüssel fragen).

29 Die Abtei auf dem Canigou

Mörder und Mönche

Es gebe keine vernünftige Antwort darauf, warum genau hier ein Kloster gebaut wurde, resümiert eine der Ordensschwestern schulterzuckend. Aber einer Legende nach wurde auf diesem jäh abfallenden Felsplateau auf 1.094 Metern Höhe am Westhang des Pic du Canigou im Jahre 1009 die Abtei Saint-Martin-du-Canigou eingeweiht, weil Graf Wilfried II. seinen Neffen umgebracht hatte. Einem Einsiedler am Canigou habe der Graf sich nach der Gräueltat öffnen können, aus Dankbarkeit und Reue spendete er das Geld für eine Kirche, aus der diese Benediktinerabtei wurde. Die letzten 15 Jahre seines Lebens verbrachte der Graf hier als Mönch, er soll als zusätzliche Buße sogar sein eigenes Grab geschaufelt haben. Nun ja, fügt die Ordensfrau hinzu, er habe eben viele Menschen getötet, nicht nur seinen Neffen.

Die Gründe sind gut 1.000 Jahre später auch nicht mehr so wichtig. Der Rosmarin im Medizinalgarten gibt in der Sonnenwärme seine Würze in Duftschwaden preis, und auch wenn der Kreuzgang in der ersten Hälfte des 20. Jahrhunderts recht abenteuerlich restauriert wurde, führen die Kapitelle doch zurück ins 12. und 13. Jahrhundert und verunglimpfen den Klerus wenig zimperlich: Gezeigt wird etwa ein Bischof mit Mitra, aber Tierleib. Ein Mönch in der Hölle. Und auch die barbusige Tänzerin taugt eigentlich nicht zur Versinnbildlichung klösterlichen Lebens. Acht Jahrhunderte lang lebten hier Benediktinermönche, bis die stark geschrumpfte Bruderschaft 1783 auszog und das Kloster verfiel. Jacint Verdaguer, Autor des katalanischen Nationalepos »Canigó«, schrieb 1885 noch traurig über das in Ruinen liegende Kloster am heiligen Berg der Katalanen: »sein Licht ist verschlossen wie ein Stern / der über dem Canigou nie mehr aufgehen wird.« Seit 1988 lebt wieder ein Orden in Saint-Martin. Seine Mitglieder führen die vielen Besucher durch die Abtei. Manchmal irren selbst Dichter.

Adresse Abbaye Saint-Martin-du-Canigou, 66820 Casteil | **Anfahrt** bis Casteil über die D 116, Auto parken und 1,6 Kilometer zu Fuß gehen oder einen Jeep-Fahrer anheuern unter Tel. 0468/300282 | **Öffnungszeiten** Jan. geschlossen, Feb. – Dez. täglich mehrere Führungen | **Tipp** Im Thermalstädtchen Vernet-les-Bains ist der Rock-Chansonnier Cali aufgewachsen. Das Restaurant »C'est quand le bonheur?« heißt nach einem Song, aber »Wann genau beginnt das Glück?« kann Cali unmöglich in Vernet geschrieben haben, das klingt eher nach der genervten Ungeduld von Paris.

30_Das Kirchenportal

Schwalben und Schmiedekunst für die Senyora

Extra muros steht die kleine Dorfkirche von Castelnou, also außerhalb der Festungsmauern. Und unterhalb des einzigen Zugangs zum Dorf, der Porte de Millars. Hier fand schon zu mittelalterlichen Zeiten ein Wochenmarkt statt, und so erklärt sich auch, dass die Kirche Nostra Senyora del Mercadal geweiht ist, Unserer lieben Frau vom Markt. Die romanische Kirche wurde im 12. Jahrhundert gebaut, als sich die Stellung der Herren von Castelnou so ausgeweitet hatte, dass ihre Bediensteten in der engen Burgkapelle keinen Platz mehr fanden. Das könnte beim Touristenstrom, der im Sommer durch die schmalen Straßen, versteckten Rosengärten und Keramikgalerien fließt, noch immer passieren. Vielleicht, wer weiß, entspricht diese Geschäftigkeit in den Gassen in gewisser Weise dem Bild Castelnous zur Zeit der sakralen Baustelle.

Das Kirchenportal sollte den Marktleuten außerhalb des Bollwerks nicht nur bei feindlichen Angriffen schnellen Schutz bieten, sondern entsprach auch einer neuen dekorativen Formfindung, die im 12. und 13. Jahrhundert viele Kirchentüren der Gegend schmückte. Vor allem der Vizegraf Guillem V. (1193–1249) galt als Förderer dieses typisch katalanischen Kunsthandwerks: Schmiedeeiserne Voluten zieren das Holz, auch mäandernde S-Formen, die in brüllenden Drachenköpfen münden. Das Metall dazu stammt aus den Erzbergwerken des Canigou, die von der Antike bis ans Ende des 20. Jahrhunderts betrieben wurden. Das Portal von Sainte-Marie du Mercadal gehört ohne Übertreibung zu den schönsten im gesamten katalanischen Raum. Dass seine Schönheit seine Schutzfunktion noch übertrifft, lässt sich bis heute an der Nonchalance mancher Kirchenbesucher schlussfolgern: Im Inneren, hoch auf dem Barockaltar der Nordseite, über einem Marienbild und der Statue des heiligen Amand, Schutzpatron von Castelnou, hat eine Schwalbenfamilie ihr Nest gebaut.

Adresse 66300 Castelnou | **Anfahrt** über die D 48 | **Tipp** Von Mitte Juni bis Mitte September finden am alten Marktplatz an der Kirche – wie schon zu Zeiten des Mittelalters – *Les Marchés des producteurs*, also Bio-Bauern- / Künstlermärkte, statt. Ab Juli bis Mitte September kommen zu den Markttagen *Les Mercadales* hinzu, eintrittsfreie Kirchenkonzerte mit jungen Musikern.

31 A la Reine Margot

Berlingots: Die Bonbons der Belle Époque

Als Cauterets noch Hauptstadt der Wasser Europas war, in der zweiten Hälfte des 19. Jahrhunderts, wurde dieser Ort inmitten von Bergkiefern, donnernden Kaskaden und verschneiten Pyrenäenspitzen zu einer Art Mini-Paris im Berg ausgebaut. Mit Grandhotels, Belle-Époque-Thermalkuranlagen und steinernen Karyatiden unter den Balkonen des Prachtboulevards. Ein warmer Wind aus dem Süden trägt auch heute noch den Geruch von hart gekochten Eiern in die Nase, am Schwefelgehalt des Wassers hat sich ja nichts geändert. Inzwischen wird das Heilwasser allerdings nur noch für äußerliche Anwendungen genutzt, Trinkkuren gibt es keine mehr. Damals verschrieben Mediziner spezielle Bonbons, um den Geschmack des Wassers zu übertünchen: die Berlingots.

In der Bonbonwerkstatt A la Reine Margot produziert Francis Aguillon seit über 25 Jahren die süßen Tetraeder. Karamell ist ihm gerade ausgegangen, also wuchtet der gelernte Koch die bei 150 Grad blubbernde Masse aus Zucker, Butter, Sahne, Salz und Vanille aus dem 7,5-Liter-Topf und lässt sie auf die vorgekühlte Stahlwanne fließen, die im Marmortresen seines kleinen Bonbonladens eingelassen ist. Durch den großen Temperaturunterschied bleibe der Zucker nicht einfach am Untergrund kleben, erklärt er. 40 Geschmacksrichtungen hat er im Programm. Wild gewachsener und selbst gepflückter Thymian gehört genauso dazu wie Rose-Litschi. Aguillon zieht die warme *Pâte* immer wieder über einen Eisenhaken an der Wand, einzelne Stränge werden durch den zugeführten Sauerstoff heller und sorgen später für die gestreifte Farbe der Bonbons. Aber erst muss die Zuckermassewurst durch eine kleine Kurbelmaschine gedreht werden: Diese *Berlingotière* habe er schon mit dem Laden übernommen, sie sei weit über 100 Jahre alt. Heraus kommt eine meterlange Girlande aus aneinandergereihten Berlingots. Wie viele davon er jährlich produziere? Ach, so ungefähr neun Tonnen.

Adresse 2 Avenue du Mamelon Vert, 65110 Cauterets | **Anfahrt** nach Cauterets über D 920, rechts auf Avenue du Mamelon Vert (D 312) | **Tipp** Noch immer führt die von Napoléon III. initiierte Route Thermale der Pyrenäen durch Cauterets, heißt inzwischen allerdings, den zeitgenössischen Erwartungen angepasst, La Grande Route des Spas. Auch heute ist das Thermal-Spa Les Bains du Rocher von Cauterets eleganteste Etappe des Wohlfühl-Parcours.

32__Die Kirche Saint-Calixte

Der heilige Ritter und sein Rubbellos

Oberhalb des Dörfchens Cazaux-Fréchet, mit Blick über das Vallée du Louron, steht die kleine romanische Kirche Saint-Calixte. Genau dort, wo der Legende nach im 10. Jahrhundert der heilige Calixt begraben wurde, nachdem er im siegreichen Kampf gegen die Mauren für die Talbewohner sein Leben gelassen hatte. Mit einem einzigen Sprung soll der Aragoner auf seinem Pferd die Hochebene überquert haben, um sich auch am Steilhang gegenüber ins Gefecht zu mischen. Eine Reiterskulptur aus dem 16. Jahrhundert links vom Altar zeigt Saint-Calixte, sie entstammt der Zeit, als der Austausch mit dem durch die Entdeckung Amerikas reich gewordenen Spanien auch dem Louron *fortune* bescherte und die Kirchen größer und kunstvoller wurden. Damals entstand an der Westfassade auch die Glockenmauer, deren Glocke von 1577 heute unter Denkmalschutz steht. Doch die solvente Phase ist lange vorbei. Wer die schönen Fresken aus dem 16. Jahrhundert im Kircheninneren sehen will, muss warten, bis der Kalk von den Wänden fällt, der 1918 als Keimtöter aufgetragen wurde, nachdem die Spanische Grippe im Tal gewütet hatte. Und eine *Majestas Domini*, deren Christus erblickt, wer durch eine Geheimtür am Barockaltar schreitet, könnte das einzige im Original belassene Relikt romanischer Kirchenmalerei im Département sein. Sie ist schon recht verblasst.

Doch Hilfe naht: Emmanuel Macron hat den Fernsehmoderator Stéphane Bern mit der Mission beauftragt, Gelder für kränkelndes Kulturgut aufzutreiben. Und der wählte Saint-Calixte zu einem von 250 Monumenten, das bei der Aktion *Loto du Patrimoine* begünstigt werden soll, von der sich der Staat 15 bis 20 Millionen Euro als zusätzlich erwirtschafteten Kultur-Etat verspricht. Die Kirche des heiligen Ritters schmückt jetzt also Lotterie-Rubbellose. Wer trotz Calixts Beistand nichts gewinnt, möge hierin Trost finden: Er ist viel mehr als ein Spieler, er ist Mäzen!

Adresse 65240 Cazaux-Fréchet-Anéran-Camors | **Anfahrt** D 618, dann links auf D 25, circa 600 Meter nach dem Gîte la Bourdette: verlassen der D 25 durch Rechtskehre, Zielstraße | **Tipp** Den Schlüssel zur Kirche kann man beim Rathaus erfragen, oder man bucht überhaupt gleich eine geführte Tour mit Quentin Massias von Pays d'art et d'histoire zu den romanischen Kirchen des Tals unter www.patrimoine-aure-louron.fr.

33 Die Kirche Sainte-Anne

Himmlisches Jerusalem im Gletschertal

Gletscher haben das zentralpyrenäische Larboust-Tal ausgeformt, auf Moränenterrassen sind reizende kleine Dörfer entstanden. Und in ihnen romanische Kirchen, die sich gegenseitig an Besonderheiten geradezu überbieten. Das gilt auch für die kleine Kirche Sainte-Anne in Cazeaux-de-Larboust, an der man glatt vorbeifahren würde, so geduckt stemmt sich die einstige Kapelle aus dem 12. Jahrhundert in die Wiesen – im lokalen Dialekt bedeutet *Cazaou* Garten. Doch beherbergt sie einen wahrhaft außergewöhnlichen Schatz unter ihrem Gewölbe: einen Freskenzyklus aus der zweiten Hälfte des 15. Jahrhunderts.

Die Wandmalerei wurde um 1790 dick übertüncht, vermutlich, um sie vor revolutionärem Furor zu schützen, und 1873 wiederentdeckt. Ihre wichtigste und detailreichste Szene ist »Das Jüngste Gericht« im Nordgewölbe, mit einem Christus vor besterntem Hintergrund und im roten Märtyrermantel. Aus den Wundmalen seiner Kreuzigung »rinnt« auch 600 Jahre nach Fertigstellung der Szenen das Blut noch immer in frischem Rot. Gegenüber, im Südgewölbe, verweisen zwölf Jungfrauen, gemalt hinter den Zinnen einer Stadtmauer, auf »Das himmlische Jerusalem«. Unter ihnen, direkt über dem Kirchenausgang, gehen neun kapuzentragende Personen mit Spruchbändern durchs Purgatorium. Üblicherweise wird das Fegefeuer auf Fresken in Höllennähe gemalt, aber nicht hier in Cazaux, wo die Nachbarschaft von Purgatorium und Himmlischer Stadt selbst den Sünder hoffen lässt. Eines der Spruchbänder erlaubt sogar explizit, bereits im Diesseits Gottvertrauen zu schöpfen: »Ich glaube, ich werde die Güte Gottes auf Erden sehen«, steht darauf. Und wer aus der Kirche wieder hinaus unter die Sonne von Frankreichs Südwesten tritt, um auf das satte Grün des Vallée du Larboust hinunterzublicken, ist versucht, diesem unbekannten Künstler aus dem 15. Jahrhundert uneingeschränkt zu glauben.

Adresse und Anfahrt Départementale 618, 31110 Cazeaux-de-Larboust | Öffnungszeiten Die Kirche ist oft geschlossen, entweder beim Rathaus den Schlüssel erfragen (geöffnet Mo 9–12 und 14–17 Uhr, Fr 9–12 Uhr, Tel. 0561/798440) oder beim Tourismusamt von Bagnères-de-Luchon eine Führung buchen. | Tipp Sporturlaubanbieter Thierry Cottereau von »Appel d'air« (ebenfalls Luchon) bietet im Winter für wagemutige Familien Übernachtungen im selbst gebauten Iglu an. Die Raumtemperatur von zwei bis drei Grad kompensiert der Tourenführer mit heißer Schokolade oder dem Eintopfklassiker *Garbure*, den er bei Bedarf in einer benachbarten Schäferhütte reicht.

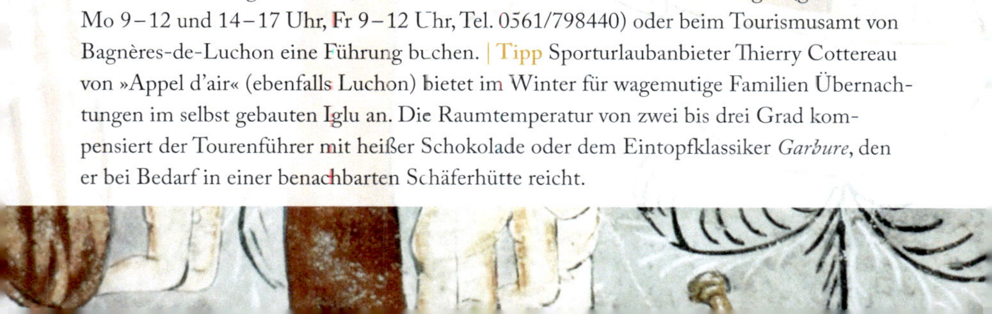

34 Le Belvédère du Rayon Vert

Grünes Licht für Nostalgiker

Paare schieben sich zu Tangomusik durch den Saal. Die Sprossenglastüren zum Balkon, der das spektakuläre Art-déco-Hotel ringsum säumt, sind weit geöffnet, das glitzernde Mittelmeer schickt leichte Brisen. Es ist wie ein Sprung zurück in die Zeit, als aus dem kleinen Fischerort Cerbère, der südlichsten Mittelmeergemeinde Frankreichs, der Eisenbahnknotenpunkt geworden war, an dem man zwischen Gleissystemen wechselte und Transitgüter aus spanischen Waggons in französische umgepackt wurden: die Orangen aus Valencia etwa, vorsichtig transportiert von den *transbordeuses d'oranges*, deren fast einjähriger Kampf für höheren Lohn 1906 als erste rein feminine Streikbewegung in die Geschichte einging.

Das 1932 eröffnete Rayon Vert, auf ein Felsplateau zwischen Bahnhof und Küstenstraße gepresst, wurde vom Architekten Léon Baille als einer der ersten Stahlbetonbauten überhaupt erbaut. Die passagierschiffähnliche Stromlinien-Moderne sollte die Reisenden beeindrucken, die während der Zollabfertigung eine Nacht in Cerbère verbringen mussten. Ein Tennisplatz auf dem Dach sorgte für Unterhaltung, wie auch der Theatersaal, in dem seinerzeit die Mistinguett oder Maurice Chevalier ihr Bestes gaben. Als der Spanische Bürgerkrieg einsetzte, wurde dem Erfolg des Eigentümers Jean-Baptiste Déléon zwar ein jähes Ende gesetzt, doch hat sein Urenkel Jean-Charles Sin sich 1983 darangemacht, die Hotelgeschichte fortzuschreiben. Seitdem restauriert er. Und auch wenn den Fresken flächenweise Farbe fehlt, wird das durch ein atmosphärisch-optisches Naturphänomen wieder wettgemacht: Ein *rayon vert* bezeichnet den letzten Funken grünen Lichts beim Sonnenuntergang an sehr klaren Abenden auf dem Meer. Es heißt, wer das grüne Licht sehe, werde sich in der Wahl seiner Liebe nicht täuschen. In der Wahl seines Hotels wohl auch nicht.

Adresse Avenue de la Côté Vermeille, 66290 Cerbère | **Anfahrt** D 914 nach Cerbère, rechts in Rue des Falaises, rechts in Zielstraße | **Tipp** Immer im Oktober findet das Kinofestival Les Rencontres Cinématographiques im pittoresk verwitterten Kinosaal mit 150 Plätzen statt, aber auch sonst lohnt sich der Blick aufs Kulturprogramm des Rayon Vert.

35__Der Unterwasserpfad

Im Reich des Zackenbarschs

Dass so ein Brauner Zackenbarsch es wirklich nicht leicht hat, sieht man schon an seinem griesgrämigen Gesichtsausdruck. Dieser Fisch ist ein protogyner Zwitter, was bedeutet, dass sich ein Weibchen in ein Männchen umwandeln kann. Allerdings gelingt dieser Geschlechtswechsel mit ungefähr zwölf Jahren, so alt muss ein Zackenbarsch-Männchen also erst einmal werden, um sich fortzupflanzen. Außerdem schmeckt der Zackenbarsch leider gut. Diese unglückliche Kombination setzte dem Fischbestand zu. In den 1980er Jahren gab es nur noch etwa zehn Braune Zackenbarsche im Meeresschutzgebiet Réserve Naturelle Marine de Cerbère-Banyuls.

1974 als erstes Meeresschutzgebiet des Hexagons gegründet, ist es bis heute das einzige französische Schutzgebiet, das ausschließlich im Wasser liegt. Die 650 Hektar geschütztes Mittelmeer reichen entlang der 6,5 Kilometer langen Küste von der Île Grosse an der Hafenausfahrt von Banyuls-sur-mer bis zum Cap Peyrefite kurz vor der Grenze zu Spanien.

Mittendrin, am Strand Plage de Peyrefite, wurde ein Unterwasserpfad eingerichtet, um Badetouristen für die Fragilität maritimen Lebens zu sensibilisieren. Dieser 250 Meter lange Parcours verbindet fünf Unterwasser-Stationen. Ob man sich nun über Kiesgrund, in Seegras oder an Felsspalten befindet, an den Bojen mit Handlauf kann man pausieren und die wasserfesten, taucherbrillentauglichen Infotafeln zur umgebenden Flora und Fauna lesen. Korallen, Zahnbrasse oder die Edle Steckmuschel – mehr als 1.200 Tierarten und über 500 Pflanzenarten gibt es zu sehen. Mitarbeiter der Réserve bewahren diese Fülle über Auflagen und Verbote, so ist etwa die Unterwasserjagd mit Harpune untersagt. Auch aufgrund letzterer Maßnahme zählte man 2017 in der Réserve wieder 600 Braune Zackenbarsche. Der Griesgram könnte also wenigstens an der Côte Vermeille ein wenig freundlicher schauen.

Adresse Plage de Peyrefite, 66650 Cerbère | **Anfahrt** von Banyuls Richtung Cerbère auf D 914, nach sechs Kilometern 2. Kreisverkehrausfahrt, Beschilderung folgen | **Öffnungszeiten** Juli, Aug. täglich 12–18 Uhr | **Tipp** Das 2017 nach aufwendigem Umbau wiedereröffnete Biodiversarium ist der Schaukasten des Observatoire Océanologique von Banyuls. Heute untersucht das 1882 gegründete Ozeanologische Forschungsinstitut unter anderem die Auswirkungen von Klimaveränderung oder Plastik aufs Meer.

36__Das Grand Café

Picassos tanzende Taube

An jenem sonnigen Septembertag im Jahre 1953 hatte der 14-jährige Edgar natürlich die Kamera dabei. In seinem Heimatort Céret war nämlich mächtig was los: Pablo Picasso war zu Besuch, zum ersten Mal wieder seit 1914. Damals hatte der Maler den Ruf des Bergstädtchens als »Mekka des Kubismus« fest zementiert. Treffpunkt der Künstler – neben Picasso kamen auch Georges Braque, Juan Gris, Auguste Herbin und viele andere zum Malen hierher – war seinerzeit bereits das Grand Café mit der Terrasse im Schatten hoher Platanen. Und auch bei Picassos Rückkehr 1953 lud ihn die Ortsgruppe der Kommunistischen Partei Frankreichs nach einem Stierrennen in der Arena von Céret auf einen Empfang ins Grand Café.

Selbst wenn sich am Interieur inzwischen doch einiges geändert haben mag, windet sich die wunderschöne Holztreppe heute noch zur Empore hinauf. An ihrem glatt polierten Geländer hielt sich also Picasso schon fest. Edgar, der hier noch immer Stammgast ist, lichtete den Meister auf seinem Schwarz-Weiß-Foto im Versammlungssaal im ersten Stock ab, den es heute nicht mehr gibt. Picasso ist umringt von Parteigenossen, auf der langen Marmorplatte des Cafétischs vor ihnen stehen gefüllte Gläser und zwei Flaschen Byrrh. Wenig später hat Picasso genau hier mit raschen Tintenstrichen die »Sardane de la Paix« gezeichnet. Die Skizze zeigt im Kreis stehende Tänzer der Sardane, dem katalanischen Nationaltanz, die Arme erhoben, sich an den Händen fassend, über ihnen schwebt eine Taube mit Ölzweig im Schnabel. Die erste Zeichnung hätte er gleich zerrissen, erinnern sich Zeitzeugen, diesen zweiten Versuch aber hatte der Künstler seinen Parteikollegen als Geschenk überreicht. Wer das Bild im Original sehen möchte, findet es heute wenige Schritte den Boulevard hinunter im Musée d'art moderne, dem es die lokale Kommunistische Partei einst stiftete.

Adresse 2, Rue Saint-Ferréol, 66400 Céret | **Anfahrt** D 115 bis Céret, dann Schildern »Musée d'Art moderne« folgen, Parking des Tins | **Öffnungszeiten** täglich 7–2 Uhr, So 8–2 Uhr, im Winter bis 20 Uhr | **Tipp** Wein aus dem Roussillon, Konfitüre der berühmten Kirschen aus Céret und Keramika aus dem südkatalonischen La Bisbal d'Empordà gibt es im »Le Panier Gourmand«, gegenüber vom Rathaus. Die Ehefrau des Grand-Café-Besitzers führt diese alteingesessene *Epicerie fine*.

37 Hôtel Les Templiers

Bilder, Bouillabaisse und Banyuls

Die Familiengeschichte als kunstsammelnde Hoteliers, so resümiert Manée Pous heute, begann mit einem einfachen Vorschlag: »Häng deine Martini-Werbung ab und eines meiner Bilder auf. Du wirst schon sehen, weitere werden folgen.« Es war Léopold Survage, ein französischer Maler russischer Herkunft, der seinem Freund – und Manées Großvater – René Pous diesen Satz so oder zumindest ähnlich sagte, als er ihm Ende der 1920er Jahre sein erstes Gemälde schenkte. Und der Künstler sollte recht behalten: Inzwischen befinden sich über 2.000 Gemälde im Hôtel Les Templiers. In jedem der 24 Zimmer, in allen Gängen und Nebenräumen, im Treppenhaus – und natürlich auch, dicht an dicht und in mehreren Reihen übereinander bis knapp unterhalb der Decke gehängt, in der Café-Bar im Erdgeschoss. Henri Matisse war hier, André Derain, Salvador Dalí, auch der Bildhauer Aristide Maillol. Und natürlich auch weniger in der Kunstgeschichte verankerte Maler. Schon seit vier Generationen in Familienbesitz, hat sich das Hotel über Jahrzehnte für viele Künstler als Anlaufstelle für einen besonderen Handel erwiesen: Bilder gegen Bouillabaisse und den Likörwein Banyuls.

Hinter dem bootsförmigen Tresen hängt sogar, gleich links bei der Kasse, noch das Foto, das René Pous mit Picasso zeigt, samt einer kleinen Zeichnung, die ihm der Künstler gewidmet hat. Und auch ringsum sieht man nichts als Porträts und Hafenszenen – samt dem berühmten Kirchturm am Strand. Die Bilder leuchten in den kräftigen Farben des Südens. Und zelebrieren den Himmel, über den Matisse sagte, es gäbe keinen anderen, der genauso blau wäre wie der von Collioure. Wer sich den Künstlern des 20. Jahrhunderts noch näher fühlen will, als man es auf der bordeauxroten Lederbank sitzend sowieso schon tut, muss einfach nur noch ein Gläschen Banyuls bestellen. Ganz wie es seinerzeit Picasso und Konsorten schon bei Manées Großvater taten.

Adresse 12 Quai de l'Amirauté, 66190 Collioure | Anfahrt D 914, das Ziel ist in einer Fußgängerzone, am besten einem der Parkplatz-Schilder nachfahren, nahe am Ziel: P4 Glacis | Tipp Acht Kilometer weiter geht es beim größten Musikfestival Okzitaniens inmitten der Weinberge des Jugendstil-Schlösschens von Valmy um eine ganz andere und viel lautere Kunst: Für Les Déferlantes in Argelès-sur-Mer reisen Größen wie der New Yorker Rockmusiker Lenny Kravitz oder der Chansonnier Francis Cabrel an.

38 La Notre Dame des Anges

Die Kirche im Meer lassen

Der Kirchturm aus Schiefer und Flusskieseln, von Matisse immer wieder in ockerdurchzogenen Farben festgehalten, ist auf drei Seiten von Wasser umgeben. Und damit wohl der einzige Glockenturm, um den man herumschwimmen kann. Das liegt daran, dass der trutzige Rundbau, bevor er zu Sakralarchitektur wurde, im Mittelalter ein Leuchtturm war und Schiffen den Weg in Collioures Hafen wies. Als Ende des 17. Jahrhunderts die Ortskirche für ein königliches Hafenprojekt abgetragen wurde, bauten sich die Bewohner eine neue und schlossen ihre Kirchenmauern am damaligen Leuchtturm an. Und als der Hafen schließlich doch im benachbarten Port-Vendres realisiert wurde, funktionierten sie den Leuchtturm kurzerhand zum *Clocher* um. 1908 erst erhielt er seine charakteristische Kuppel, die heute noch den Blick über das Hafenstädtchen bestimmt. Doch das Symbol Collioures steht auf wenig stabilem Untergrund.

Denn die Kirche sitzt praktisch auf Wasser, was eine architektonische Leistung ist, dokumentieren die örtlichen Archive doch, dass zum Zeitpunkt des Baus von 1684 bis 1690 Meerwasser stetig die Baustelle überspülte. Neun Stufen führen über den Haupteingang in die Kirche hinunter. Wer auf ihrem Boden steht, befindet sich genau auf Meeresspiegelhöhe. Und von außen fordern seit über 330 Jahren Salz, Wind und Wellen Tribut. Vor allem die Ost- und Südfassade tauchen in die Méditerrannée ein. Aufsteigende Feuchtigkeit und Salz greifen das Mauerwerk an. An der Apsis im Osten des Gebäudes verschwindet der Mörtel und lässt den Schaden bis ins Innere der Kirche dringen, sogar bis zum Hauptaltar, einem Schmuckstück katalanischen Barocks. 2016 gründeten besorgte Bürger die Association Internationale du Clocher de Collioure, um zusätzliche Gelder für die anberaumte Restaurierung zu sammeln. 2018 haben die Arbeiten begonnen. Man muss schon etwas tun, um die Kirche im Meer lassen zu können.

Adresse Place de l'Église, 66190 Collioure | Anfahrt D 914, das Ziel ist in einer Fußgängerzone, am besten einem der Parkplatz-Schilder nachfahren, nahe am Ziel: P4 Glacis | Öffnungszeiten täglich 9.30–16.30 Uhr | Tipp Collioure Couleurs: Eine Lichtshow wird an den Frei- und Samstagen im Dezember an der Fassade der Notre-Dame-des-Anges projiziert. Läuft auch zur Silvesterparty, bei der man sich am Strand gern – verkleidet nach jährlich wechselndem Motto – verabredet.

39 Maison Roque

Die Profis der Anchovis

Schon die Berufsbildbezeichnungen klingen archaisch: Beim *saleur d'anchois*, dem Anchovissalzer, schwingt der Charme von Fischerhafen und bunten Booten ja noch mit. Aber dass die *étêteuse* Eingeweide und Kopf der Sardelle entfernt, ui ui ui, da zieht man den eigenen doch lieber mal kurz ein. Jede *étêteuse* der Maison Roque, Collioures ältester, ununterbrochen aktiver Anchosen-Manufaktur, filetiert im Durchschnitt 3.000 Fische am Tag – das sind 15 Kilo pro Arbeiterin.

Bis 1998 saßen 20 Angestellte im blau gekachelten Raum über der Boutique im Herzen des Mittelmeerstädtchens, um den Besuchern ihr Können vorzuführen. Aber der europäischen Gesetzgebung genügten die alten Ateliers nicht mehr, so werden die kleinen Fische inzwischen außerhalb Collioures präpariert. Nur zwei Vlieshauben tragende Schauarbeiterinnen behandeln den Fisch mit flinken, geschickten Bewegungen an blank gescheuerten Tischen. Sie sind über eine Wendeltreppe mit dem Laden im Erdgeschoss verbunden, wo Feinkostregale unter den Tapenaden, Einmachgläsern und Weinflaschen ächzen.

Die Côte Vermeille verdankte ihr Einkommen lange Zeit diesem kleinen, 15 bis 20 Zentimeter langen Fisch, der, roh in Salz eingelegt, enzymatisch reift. Die dunkleren *filets bruns* liegen nach traditioneller Methode drei Monate im Salz, während die marinierten, spritzig-säuerlichen *filets blancs* nur eine Nacht in Essig verbringen. Seit 1870 wird das kulinarische Konservierungskunststück in der Maison Roque betrieben, die der Böttcher-Einsalzer Alphonse Roque damals gründete. Heute führt sein Urenkel Florent durch die *boutique historique*, in deren Büro er von seinem Großvater bereits gehütet wurde, als er gerade einmal drei Monate alt war. Sein junger Neffe steht auch schon hinter der Ladentheke, er gehört sogar schon zur fünften Generation der *saleurs*. Hat da jemand »archaisch« gesagt? Von wegen.

Adresse 17 Route d'Argelès, 66190 Collioure | **Anfahrt** über die D 114 | **Öffnungszeiten** täglich; wer auch das Atelier im 1. Stock besuchen möchte: Mo–Fr 9–11.45 und 14.15–16.45 Uhr | **Tipp** Der kleine Fisch wird in Collioure mit der Fête de l'Anchois geehrt. Ein Juni-Wochenende mit Tanzvergnügen auf dem Bal Guinguette, kulinarischem Markt – und natürlich Verkostungen rund um Anchovis.

40 Les Maîtres de mon Moulin

Meisterliches aus der Bäckermühle

»Briefe aus meiner Mühle« heißt der Erzählband des Schriftstellers Alphonse Daudet, in dem der Pfarrer Ruffié aus Cucugnan mit drastischer Predigt versucht, seine Schäfchen zurück in den Schoß der Kirche zu bringen. Ins hübsche Dorf kommen aber schon lange nicht mehr nur Literatur-Touristen auf den Spuren des *Curé*, sondern auch viele Feinschmecker. Denn nach Daudets »Lettres de mon Moulin« hat der findige Roland Feuillas 2006 in Cucugnan seine Bio-Bäckerei und Mühle Les Maîtres de mon Moulin eingerichtet. Übrigens ausgerechnet unterhalb einer alten Feldsteinmühle, die der 1960 geborene Franzose sogar restauriert hatte, um dort Mehl zu mahlen. Nur war die Bäckerei bald so erfolgreich, dass die Kapazität des kleinen Rundbaus nicht mehr ausreichte.

Feuillas arbeitet ausschließlich mit alten Getreidesorten und behält die komplette Produktionskette bei Brot, Mehl, Nudeln, Kuchen und Keksen in eigener Hand: Das Getreide wächst in Bioqualität, teilweise nur wenige Kilometer vom Dorf entfernt. Es wird neben der Bäckerei auf Steinmühlen gemahlen. Und danach verarbeitet, etwa zu Sandgebäck: Die Sablés mit Zitrone-Ingwer, Feige-Nuss oder Cranberry-Kürbis nennt man in ihrer glitzernden Feinzuckrigkeit zu Recht *Diamants*. Sogar die Tramontane über der Mühle kann nicht anders, zerrt gierig das Gebäck von den Holztischen vor der Bäckerei und lässt die Spatzen tanzen. Daudet hatte in seinen Mühle-Briefen auch geschrieben, dass man den Weizen schneiden muss, wenn er reif ist (und den Wein trinken, wenn er entkorkt ist). Den rechten Moment abzupassen ist eine Kunst, die Feuillas zu beherrschen scheint. Dass er seine Karriere als Informatiker aufgab, um Bio-Bäcker zu werden, beschert dem Handwerksbetrieb sogar ein Plus: 20 Prozent seiner Ware verkauft der Bäcker inzwischen übers Internet.

Adresse 3 Rue du Moulin, 11350 Cucugnan | **Anfahrt** über D 14, Parkmöglichkeit am Tourismusbüro | **Öffnungszeiten** täglich 9–19 Uhr | **Tipp** 20 Minuten Fahrt sind es bis Paziols aufs Bio-Weingut »DeMena« von Jungwinzer Sébastien Agelet, wo die Reben auch »von Natur aus« (*de mena* im Katalanischen) wachsen. Wer vorbeikommen will, sollte den Winzer unter Tel. 0664/423713 am Handy anrufen, denn meistens ist er in den Reben.

41_Gorges du Verdouble

Die Badebecken der alten Mühle

Man kommt schnell außer Puste in Duilhac. Denn natürlich will man das Château de Peyrepertuse erklimmen, wenn man sowieso schon hier ist. Eigentlich. Aber es ist heiß und der Weg hinauf zu dieser größten Katharerburg auf französischem Boden anstrengend. Raubvögel kreisen. Auf der schwindelerregenden Treppe zur Burg, der Escalier de Saint-Louis, im 13. Jahrhundert auf Anordnung des Königs Ludwig des Heiligen direkt in den Felsen gehauen, knallt die Sonne.

Das Gemeindegebiet von Duilhac-sous-Peyrepertuse befindet sich zwischen zwei Kalksteinfalten der Pyrenäen. Es ist ein stetes Auf und Ab. Die Bewohner nennen sich daher gern *sauta-rocs*, also jene, die über Felsen springen. Aber der Reisende mag vielleicht gar nicht mehr springen. Höchstens noch *vom* Felsen ins kühle Nass. Die gute Nachricht: Das geht, etwa einen Kilometer östlich des Dorfs. In der Schlucht des Verdouble am Fuße der Burg hat sich das Flüsschen ein Bett in den kreidezeitlichen Kalkstein des Anayrac-Massivs gegraben und fließt in klaren Sturzbächen über abgerundete Felsen, formt flache Becken und einen smaragdfarbenen See, durch den silberne Fischchen schießen. Seine stufenförmigen Wasserfälle erklären, warum die Dorfbewohner dieses paradiesische Fleckchen einfach *Les Cascades* nennen. Bis ins 18. Jahrhundert speiste das Wasser die Mühlräder der inzwischen verfallenen Mühle Moulin de Ribaute, heute wird auf ihren alten Mühlsteinen gepicknickt.

In der Sommersaison wacht ein Bademeister, ansonsten ist baden untersagt. Das steht zumindest auf dem roten Schild, das an einen großen Baum am See genagelt wurde. Wer die kleine Holzbrücke daneben überquert und sich links immer am Wasser entlang hält, findet schnell sein eigenes kleines Felsbecken. Nun ja, in der größten Hitze ist hier ganz schön was los. Aber manchmal muss man das Wasser tatsächlich nur mit den Libellen teilen.

Adresse Gorges du Verdouble, Lieu dit Moulin de Ribaute, 11350 Duilhac-sous-Peyrepertuse | **Anfahrt** D 114, Abfahrt Cucugnan, vier Kilometer hinter Cucugnan dem Schild »Moulin de Ribaute« folgen, dann zwei Kilometer Fahrt durch Weinberge | **Tipp** Die Wasserflasche sollte man an der kühlen Dorfquelle von Duilhac-sous-Peyrepertuse füllen, der Fontaine des Amours. Darüber steht ein Vers von Ronsard: »*Quiconque en boira qu'amoureux il devienne.*« – Wer auch immer davon trinken mag, soll sich verlieben. Also nur zu!

42__Die Bar à Fromages

In die Bar auf einen … Käse!

Aufgewachsen ist Dominique Bouchait in Montréjeau am Fuße der Pyrenäen, wo seine Familie bereits eine *épicerie-fromagerie*, einen Lebensmittelladen mit Fokus auf Käse, führte. Er erinnert sich bis heute daran, wie er als Elfjähriger dort Pfeffer oder Kaffee mahlen und die Weinregale auffüllen durfte. Aber niemals – *pas question!* – den Käse anfassen. Zu fragil, zu kostbar sei der gewesen – und »nichts für Kinder«, das habe sich ihm eingeprägt.

Inzwischen hat der gelernte *crémier-fromager* in Montréjeau eine Käsefabrik aufgebaut. Die umliegenden Pyrenäentäler und -höhen kennt er wie seine Westentasche: »Wir fahren in die Berge, um dort Milch zu holen. Diese kleinen Höfe sind für die Großindustrie nicht interessant, aber sehr gut für uns.« Seine 50 Angestellten verarbeiten Tag für Tag 200 Liter Milch zu Joghurt und weitere 200 Liter zu Käse. Etwa zur Eigenkreation des Chefs, dem »Napoléon,« einem zehn Monate gereiften Käse aus pasteurisierter Schafsmilch, den Bouchait inzwischen bis Australien und Japan exportiert. 2011 erhielt der damals 45-Jährige die Anerkennung *Meilleur Ouvrier de France* (bester Arbeiter Frankreichs) beim seit 1924 national ausgetragenen Wettbewerb zwischen Vertretern unterschiedlicher Handwerke.

Mit seiner Bar im Leclerc-Einkaufszentrum des nahen Örtchens Estancarbon habe er zeigen wollen, dass sich ein wahrer Käsemeister nicht nur um die *affinage*, die Käsereifung, kümmert, sondern vor allem weiß, was man mit dem Produkt alles anstellen kann. An seinem Tresen werden zwar keine Cocktailmixturen angeboten, aber auch hier geht es um Degustationen, um klassische und experimentelle Rezepte – nur eben immer mit Käse. Zur Bar gehört ein Restaurant, in dem verschiedene Käsesorten frisch zu Gerichten verarbeitet werden, etwa zu Omelette mit Comté und Steinpilzen. Damit wäre der Trinkspruch für diese Bar auch schon gefunden: *A votre Comté!*

Adresse Galerie Marchande Leclerc, Avenue du Cagire, ZAC des Landes, 31800 Estancarbon | **Anfahrt** D 817, 2. Kreisverkehrausfahrt auf Avenue de Rous, rechts auf Boulevard des Landes, 3. Kreisverkehrausfahrt, 1. Kreisverkehrausfahrt, Parkplatz der Mall | **Tipp** Jeden Samstag findet in der Altstadt von Saint-Gaudens von 8 bis 13 Uhr ein großer, trubeliger Wochenmarkt statt, die beiden Verkäuferinnen von Dominique Bouchait positionieren den Käsewagen immer direkt an der Hauptpost.

43__Der sonnigste Ort Frankreichs

Streit um Sonnenstunden

Ein Dorf wie ein Geodreieck: Die obere Spitze bildet die Kirche Saint-Vincent-d'en-Haut, darunter breitet Eus seine Steinhäuser geradezu gleichschenklig unterhalb des quaderförmigen Glockenturms aus. Stufenförmig bebaut, bietet der nach Süden weisende Hang allen Steinhäuschen maximale Sonnenausrichtung. Als sie errichtet wurden, gab es schließlich noch keine Heizung. Brauchte man auch gar nicht wirklich. Denn Eus rühmt sich nicht nur des schönsten Blickes auf den Canigou, nein, es nennt sich auch gern das sonnigste Dorf Frankreichs. Ungefähr 3.000 Sonnenstunden pro Jahr werden hier gezählt. Kein Bergschatten fällt auf das Dorf, obwohl es von einem Gebirgskessel umgeben ist, wodurch die Winde abgemildert werden. Sogar die Tramontane kann hier wenig ausrichten.

Diese Berge bilden eine natürliche Barriere im Norden und im Westen und sorgen für freien, trockenen Himmel. Ein Zusammenspiel günstiger klimatischer Gegebenheiten, gekrönt vom Föhn, zu dem es hier häufig kommt. Durch ihn konnten beispielsweise am 7. Januar 2014 in Eus 26,3 Grad Celsius gemessen werden, ein nationaler Rekord. Frost muss das in seiner Gesamtheit denkmalgeschützte 400-Einwohner-Dörfchen nahezu nie fürchten.

Und dann das! Als der Wetterdienst Météo France 2014 seine Siegerliste der sonnigsten Orte Frankreichs veröffentlichte, verwies das an der Côte d'Azur gelegene Bandol mit 2.411 Sonnenstunden Eus vom angestammten ersten Platz. Und auch noch mit großem Abstand zum Konkurrenten, denn in Eus hatte man nur 1.953 gezählt! Der Bürgermeister Joseph Montessino verwies in einem Interview jedoch gleich auf die wichtigste Energiequelle des Ortes: Die Bewohner selbst würden so strahlen, argumentierte Montessino, dadurch scheine hier eh immer die Sonne, sogar bei Nebel.

Adresse 66500 Eus | **Anfahrt** von N 116 auf D 35 | **Tipp** In der Kirche Saint-Vincent-d'en-Haut aus dem 18. Jahrhundert gibt es nicht nur ein besonders reiches und recht schrill klingendes Glockenrad mit zwölf unterschiedlich gestimmten Glöckchen (eines für jeden Apostel), sondern auch eine Christusfigur, der Lippen und Füße bluten, was man aber nur mit festem Glauben und auf mit Blitzlicht fotografierten Fotos erkennt.

44 La Peau de Lapin

Der Ali Baba der Ariège

Eigentlich ist es eine Schatzhöhle. Dicht an dicht gefüllt mit geschwungenen Lampen, geflochtenen Körben und Kinderwiegen, Kaffeekannen mit und ohne Blümchendekor, Knöpfen zu Tausendschaften, Messinggeschirr und Tabakspfeifen, die Hölzer der Pfeifenköpfe in sämtlichen Brauntönen sowie allerlei Gerätschaft und Instrumenten, deren Nutzungsmöglichkeiten man erst erfragen muss.

Stunden kann man verbringen im Trödelladen La Peau de Lapin, was übersetzt Hasenfell bedeutet. Der Name mag heute verwundern, aber damit habe sein Vater Abdel Kader in den 1930er Jahren eben sein erstes Geld verdient, nickt der heutige Besitzer Patrick Slami: mit der Jagd auf wilde Hasen in den Pyrenäen und dem Verkauf ihrer Bälger. Noch heute hängen ein paar Felle an Haken von der Decke. Unterwegs auf dem Land habe sein Vater dann seine Mutter Odette kennengelernt, die mit ihm durchbrennen musste, denn der junge Mann aus Algerien war ihrer Familie eigentlich nicht gut genug. »Das änderte sich erst später, als mein Vater begann, mit dem Trödel in Foix richtig Geld zu verdienen«, erinnert sich der Franzose an die Liebesgeschichte seiner Eltern. Und an ihren gemeinsamen Erfolg mit der *Brocante*. Der ganz klein begann: Zunächst sei sein Vater mit Rad und Anhänger, danach mit dem Motorrad und schließlich mit einem kleinen Lieferwagen von Dorf zu Dorf gezogen, um den Bauern abzukaufen, was in ihren Speichern verstaubte.

»Er sammelte alles«, erzählt Patrick Slami, der längst das Erbe seiner Eltern angetreten hat und genauso vergessene und verstaubte Schätze zusammensucht. Und dabei das gleiche breite Lächeln auf den Lippen und das gleiche *béret* auf dem Kopf trägt wie schon sein Vater auf den alten Fotos, die in der Glastür hängen. Alsbald wird wiederum sein Sohn Jean-Philippe die *Brocante Slami de Père en Fils* übernehmen. Wer weiß: Vielleicht bleibt so sogar die Baskenmütze in der Familie.

Adresse 25, Rue de la Faurie, 09000 Foix | **Anfahrt** D 117, am besten im Parking Allées de Villotte gegenüber vom Rathaus parken, zu Fuß in die Straße rechts der Getreidehalle, links Zielstraße | **Öffnungszeiten** Mi–Sa 10–18.30 Uhr | **Tipp** La Rue des Grands Ducs: Das charmante Sträßchen ist eine Erinnerung daran, wie Foix im Mittelalter ausgesehen haben muss. Die Häuser scheinen an die Bergflanke geklebt, mit eigenen – und noch viel älteren – Höhlen, in denen die Bewohner des Landstrichs seit jeher ihre Habseligkeiten deponierten: früher Feuersteine, heute den Rasenmäher.

45 Der Four solaire Félix Trombe

An einem der größten Solarschmelzöfen der Welt

Die Cerdagne, dieses weitläufige Hochtal in den östlichen Pyrenäen, ist seit dem Pyrenäenfrieden 1659 fast genau hälftig zwischen Frankreich (49,7 Prozent) und Spanien (50,3 Prozent) aufgeteilt. Aber geografisch gesehen liegt selbst der französische Teil mit auf der Iberischen Halbinsel, als einziger Ort Frankreichs. Der französische Astronaut Thomas Pesquet fotografierte die Cerdagne im März 2017 aus dem All – und twitterte dazu, sie sei das »einzige in Ost-West-Richtung ausgerichtete Pyrenäental (...), Champion der Sonneneinstrahlung, da die Wolken auf zwei Seiten blockiert werden«.

Kein Wunder also, dass genau hier in Odeillo ein Solarschmelzofen nach den Plänen des Sonnenenergie-Pioniers Félix Trombe steht. Der Ingenieur hatte bereits 1949 im knapp zehn Kilometer entfernten Mont-Louis den ebenfalls immer noch funktionsfähigen, aber viel kleineren Prototypen dazu errichtet (siehe Ort 76). 54 Meter hoch, 48 Meter breit, 63 Heliostate, das sind die Zahlen zu Odeillo. Es gibt nur noch einen vergleichbaren Sonnenofen in Usbekistan, der ist einen Meter schmaler und hat ein Heliostat weniger, dafür aber 1.100 Spiegel mehr. Der französische Solarschmelzofen, gebaut zwischen 1962 und 1967, steht inzwischen unter Denkmalschutz. Als Tourist kann man sich dem Gebäude zwar nähern, doch der Wissenschaftler, der bisher seine Experimente unterbrach – etwa die zum Materialverschleiß unter extremen Hitzebedingungen –, um interessierte Gäste mit der Anlage vertraut zu machen, ist nicht mehr da und noch kein Ersatz gefunden. Also steht man allein vor dem blendenden Parabolspiegel, verbranntes Gras zu Füßen. Oje, da standen wohl ein paar Reflektoren schief. Erdwespen verteidigen brummend ihre Schlupflöcher. Ein unwirklicher Ort, wie eine Scifi-Kulisse im grünen Nirgendwo und irgendwie ein bisschen unheimlich.

Adresse 7 Rue du Four Solaire, 66120 Font-Romeu-Odeillo-Via | **Anfahrt** über N 116 auf D 29, links in die Rue du Four Solaire | **Tipp** Etwa eine halbe Stunde Fahrt entfernt liegt die Schlucht Gorges de la Carança in Thuès-Entre-Valls, die Wanderungen unterschiedlicher Schwierigkeitsstufen bietet – der in die Felswand gehauene Weg ist wirklich schmal, schwindelfrei sollte man sein. Doch auch wenn man den Tag einfach nur vor der Schlucht an der Holz-Bar des »Relais de la Carança« bei einem Schwätzchen mit dem Bürgermeister (ein Stammgast) verbringt, hat man seine Zeit großartig verbracht.

46__Am Friedhof der Pyrenäisten

Pause am Pyrenäen-Pantheon

Für den imposanten Talkessel Cirque de Gavarnie muss man keine Werbung machen. Schließlich ist das Naturwunder eiszeitlichen Ursprungs einer der meistbesuchten Orte der Pyrenäen. Als Victor Hugo im Sommer 1843 den Kessel zum ersten Mal erblickt, besingt der übermannte Dichter ihn als »das Kolosseum der Natur«.

In Gavarnie steht die Wiege des Pyrenäismus, den der Bergsteiger Henri Brulle als »Dürsten nach Einsamkeit und Freiheit, nach dem Pittoresken, dem Abenteuer, dem Durchdringen von Naturgeheimnissen« umschreibt. Und hier liegen auch die Gräber der kundigsten Bergbezwinger, unter den glänzenden Marmorplatten und teilweise recht verblichenen Kunstblumenarrangements des Cimetière des Pyrénéistes. Auf diesem Friedhof der Pyrenäisten befindet sich auch das Grab des 1917 verstorbenen Célestin Passet, berühmtester aller Gavarnie-Bergführer, den der legendäre Pyrenäenforschen Graf Henry Russell ehrfürchtig *isard bipède* getauft hatte, die zweifüßige Gämse. Passets Ruhm war auch der ersten Besteigung des Vignemale-Massivs über die Nordseite durch den Couloir de Gaube im August 1889 geschuldet, bei der er mit dem Eispickel seines Klettergenossen Henri Brulle 1.300 Stufen ins Eis schlug, um die Abenteurer voranzubringen.

Auf diesem Bänkchen vor dem Friedhof herrscht Ruhe, was schon verwundert, ist man doch nicht weit von der Hauptstraße des Dorfs mit ihren Esel-Leihstationen und Souvenirläden samt pfeifenden Plüschmurmeltieren entfernt. Bleibt man auf dem Spazierweg rechter Hand, am Wald entlang, erreicht man ebenfalls den Fuß des Talkessels und weicht gleichzeitig den Massen aus, die unten am Wasserlauf des Gave de Gavarnie entlangschlendern. Ohne den Besuch bei Passet hätte man den Pfad fast übersehen. Doch so führt der *isard bipède* selbst noch den Pyrenäisten von heute.

Adresse 65120 Gavarnie | Anfahrt über die D 921 | Tipp Im Hochsommer findet in Gavarnie ein zweiwöchiges Open-Air-Theaterfestival auf 1.450 Metern Höhe statt, das jeweils eine ganz große Legende beleuchtet: »Die Ritter der Tafelrunde« etwa oder »Orpheus und Eurydike«. Vom Dorf ist es rund eine halbe Stunde Fußmarsch zur Bühne, zurück geht's gegen 23 Uhr im Schein der Fackeln.

47__Auf den Sommerweiden

Barèges-Gavarnie: das Bergschaf der Zentralpyrenäen

Ihnen gehört die Straße. Und jede Wiese im Hochtal des Gave du Pau natürlich auch: Die Schafrasse Barèges-Gavarnie lebt in einem geschlossenen Ökosystem. Die Bergkämme des Pays Toy sind die einzige Grenze, die die *race barégoise* zu akzeptieren scheint. Hier aber ist sie überall, auf Höhenlagen von 600 bis – im Hochsommer – auf fast 3.000 Metern. Im Winter, so will es die gesetzliche Vorgabe, bekommt sie zu mindestens 80 Prozent Heu aus der Region zu fressen, fermentiertes Futter ist verboten. Und die warmen Tage verbringt dieses stämmige, widerstandsfähige Schaf mit den spiralförmigen Hörnern eben hier oben, in der Freiheit des Hochgebirges. Nur der jeweilige Schäfer und dessen *Patou*-Hunde schränken es dann doch hin und wieder ein. Ansonsten erfreut es den Wanderer durch pittoreskes Rumstehen, frisst Süßholz, Thymian und was es eben so findet auf den *estives*, wie man die Sommerweiden in den Pyrenäen nennt. Warum sollte man hier auch *alpage* sagen. Zwar würde »Alm« so ins Französische übersetzt – doch orientiert sich das Wort etymologisch unschwer erkennbar an einem anderen Gebirge.

Den Tieren ist das vermutlich schnurz, solange sie nur im Schatten des Vignemale oder des Pic de Troumouse grasen dürfen. Wie gut dieses kräuterreiche Weideland ihnen bekommt, schmeckt auch der Mensch: Heute ist das Barèges-Gavarnie mit dem Schutzsiegel AOP – Appellation d'Origine Protégée – ausgezeichnet, sein würziges, zart marmoriertes Fleisch hat es auch ins französische Slow-Food-Verzeichnis geschafft. Besonders gut testen lässt sich der Geschmack des roten, fettarmen Fleischs auf der Foire aux côtelettes. Dieser Markt findet immer rund um den Michaelistag Ende September in den Straßen von Luz-Saint-Sauveur statt, wo drei Tage lang das Ende der Transhumanz gefeiert und sehr gut gegessen wird – vor allem eben vom AOP-Schaf Barèges-Gavarnie.

Adresse Parc national des Pyrénées, Cirque de Troumouse, 65120 Gavarnie-Gèdre | **Anfahrt** D 921 bis Ausfahrt Gèdre, dann über die D 922 in Richtung Héas, weiter aufs Plateau du Maillet, von dort gibt es öffentliche Verkehrsanbindungen bis zum Cirque | **Tipp** Seit 1891 stellt das Familienunternehmen »La Carde« in Esquièze-Sère Textilien aus Schafwolle her. Vermutlich besitzt jedes Kind im Pays Toy eine ihrer Decken, oft ein Geschenk der Großeltern, das ein Leben lang warmer Begleiter bleibt.

48__Die Kapelle von Héas

Auferstanden aus Lawinen

Im zentralpyrenäischen Hochtal des Pays Toy sind die Leute gar nicht so schmächtig, auch wenn das *toï* im hiesigen Dialekt tatsächlich klein bedeutet. Père Fouchou etwa ist von ganz normaler Größe. Der Curé, inzwischen eigentlich in Rente, kümmert sich noch immer während der Sommermonate um die Kapelle von Héas. Der Geistliche ist ein echter *curé montagnard*, ein Bergsteiger-Priester: Um die 50 Male hat er bereits den nahen Vignemale bestiegen, mit 3.298 Metern der höchste Pyrenäengipfel Frankreichs – und von allen 212 Dreitausendern der Pyrenäenkette immerhin auf Platz 16. Dass diese Kapelle, auf 1.550 Metern am Fuße des Talkessels von Troumouse gelegen, der richtige Ort für einen wie Père Fouchou ist, erkennt man bereits am Fresko im Chorraum: Das zeigt nämlich nichts anderes als ebendiesen Talkessel – und setzt mitten hinein das mittelalterliche Holzbildnis der Jungfrau Maria in eine Gloriole aus gemalten Sonnenstrahlen: *Noustra Daméta de Héas prégat per nous*, Unsere liebe Frau von Héas, bete für uns.

Als echter Hochgebirgspriester segnet Pater Fouchou auch die Ausrüstung der Bergführer. Deren Segenssprüche in der Kapelle kann allerdings ein jeder für sich mitnehmen: *Bienheureux ceux qui font de leur vie une perpétuelle ascension* heißt ja eigentlich nur, dass diejenigen glücklich sind, die ihr Leben als fortwährenden Aufstieg gestalten können, und wer will da schon das Gegenteil behaupten.

Seit 1349 ist die Chapelle Notre-Dame-d'Héas als heilige Stätte bekannt, ihre Gründungslegende wird auf den Buntglasfenstern aus den 1930er Jahren erzählt. Mehrmals zerstört – zuletzt durch die Lawinen im Januar 1915 –, wurde sie dreimal an derselben Stelle wieder aufgebaut. »Ein ›Toy‹ fürchtet nur Gott, den Sturm und die Lawine« heißt ein altes Sprichwort der Hautes-Pyrénées. Ja, ein Toy mag vieles sein, aber klein? Bestimmt nicht.

Adresse Hameau d'Héas, 65120 Gèdre | **Anfahrt** über D 921 bis Ausfahrt Gèdre, dann über D 922 bis Héas, Parkplatz 300 Meter hinter der Kapelle | **Öffnungszeiten** täglich Mai–Nov., Bergmesse So 11 Uhr | **Tipp** Auberge de La Munia: Direkt neben der Kapelle wird man im »letzten Bistrot vor Spanien« verpflegt, unbedingt reservieren. Wirtin Soizic Plat hat außerdem Jurten aufgestellt, mit Platz für bis zu vier Personen, grandioser Aussicht und einem Holzofen.

49 Die kleine Holzbrücke

Der Stein der Weiden

Wenn man auf dieses Duo sieht, dann ist man erst einmal froh, nicht gerade am Tag des Steinschlags über die kleine Holzbrücke Le Pont du Pla de Ber gewandert zu sein. Obwohl, zumindest auf der Brücke wäre einem nichts passiert, die ist ja heil geblieben. Dabei trennen nur wenige Zentimeter Steinkoloss und fragilen Steg. Man sieht noch, welche Schneise der gekullerte Fels in die Flanke des Berges gezogen hat. Der pensionierte Nationalpark-Wächter Gaston Nogué erinnert sich an den enormen Steinschlag im Herbst 2014, bei dem sich sogar noch ein weiterer Felsblock vom 2.194 Meter hohen Gipfel des Tour de Lieusaube löste. Der zweite Granitriese stoppte wenige Meter weiter an der Arriu d'era Bède, was im Okzitanischen »Bach der Tanne« bedeutet. Womit auch schon geklärt wäre, warum der Fels so ungehemmt rollen konnte. Vor ein paar Jahrzehnten noch hat hier ein Tannenwäldchen gestanden, das aber dem Bedarf an Weideland zum Opfer fiel.

Wie klein der Mensch doch ist, wird jedem Wanderer im Gebirge sowieso immer wieder bewusst. Aber eine Konfrontation wie diese entlang des Wanderwegs Touyères, der an der Brücke vorbei und bis hinauf zum Cirque de Troumouse führt, taugt zusätzlich zur Demutsübung. »Es gibt noch etwas anderes in der Natur als nur das, was man sieht. Es gibt noch das, was man fühlt, und das, was man erahnt«, schrieb der Pyrenäist Henry Russell Ende des 19. Jahrhunderts in seinem Buch »Souvenirs d'un Montagnard«. Was man ringsum sieht, ist, dass man zunächst nicht viel sieht. Denn nicht nur die Bergspitze weiß sich zu verhüllen. Auch das Fell der Murmeltiere ist im Herbst dunkel und ihr vollgefutterter Körper so bewegungslos, dass die Erdhörnchen mit dem schattenwerfenden Gestein zu verschmelzen scheinen. Kontemplation beginnt beim zweiten Blick, vielleicht will uns das der Stein der Weiden sagen? Ist nur so ein Gefühl. Eine Ahnung.

Adresse Héas, 65120 Gèdre | **Anfahrt** D 921 bis Ausfahrt Gèdre, dann über D 922 in Richtung Héas, Parkplatz 300 Meter hinter der Kapelle, 15-minütiger Fußmarsch zur Brücke | **Tipp** Man kann in der Schutzhütte »Cabane des Aires« (auf 2.132 Metern gelegen) nächtigen. Es gibt dort nicht viel mehr als vier Mauern und ein Dach, aber dafür diese besondere Nähe zur Milchstraße, ist man doch im Sternenpark Réserve Internationale de Ciel Etoilé du Pic du Midi.

50__Das Schloss Abbadie

Mehr Löcher, mehr Himmel

Da der Franzose Antoine d'Abbadie für die Errichtung seines Schlösschens an der Küste vor Hendaye einen Architekten beauftragte, der üblicherweise Ruinen rekonstruierte, erhielt sein 1879 fertiggestelltes Anwesen folgerichtig eine mittelalterlich-dunkle Stimmung im Inneren und ein neogotisch-vieltürmiges Äußeres. Das passte zu dem Kartografen, der mühelos mythisch aufgeladenes Terrain und Wissenschaft zu verbinden schien – und dessen Forscherdrang auch nicht davor haltmachte, eigenen Baubestand zu zerstören.

Der weit gereiste Abbadie, Sohn einer irischen Mutter und eines baskischen Vaters, sprach gegen Ende seines Lebens 14 Sprachen, doch das Baskische faszinierte ihn besonders. Er war einer der Ersten, der dessen Grammatik theoretisierte, lüften konnte er die Mysterien der baskischen Sprache dennoch nicht, bis heute wissen die Linguisten nicht sicher zu sagen, woher die Sprache überhaupt kommt.

Das eigentliche Ziel des Astronomen Abbadie war es allerdings, den Himmel zu kartografieren. In seinem Observatorium befindet sich ein Meridian-Teleskop. Während seines Lebens und noch nach seinem Tod bis ins Jahr 1975 hinein wurden von hier aus insgesamt 50.000 Sterne lokalisiert. Doch von all den im Schloss angehäuften Sonderbarkeiten erscheint diese eine fixe Idee von ihm doch am sonderbarsten: Um das Phänomen der atmosphärischen Lichtbrechung zu studieren, ließ er Löcher in sein Schloss bohren, um selbst vom Observatorium aus – und durch seine Schlossmauern hindurch – den Gipfel des Berges La Rhune, einer heiligen Stätte der baskischen Mythologie, zu sehen. Dass ihm das Experiment misslang, ist im baskischen Satz »*Ez ikusi, Ez ikasi*« im Eingangsportal festgehalten, der »Nicht sehen, nicht lernen« bedeutet, und vielleicht erkennt man einen wahrhaft großen Geist ja tatsächlich daran, wie viel Platz er dem eigenen Scheitern einräumt.

Adresse Le Château d'Abbadia, Route de la Corniche, 64700 Hendaye | **Anfahrt** A 63, Ausfahrt 2 Saint-Jean-de-Luz Sud, dann auf D 912 | **Öffnungszeiten** ganzjährig geöffnet, Mi 10–12 und 14–18 Uhr, Do–Di 14–18 Uhr, Mo geschlossen | **Tipp** Der 910 Kilometer lange Fernwanderweg GR 10 verbindet die Pyrenäen von Osten nach Westen, vom Atlantik ans Mittelmeer und somit Hendaye mit Banyuls – mit dem höchsten Punkt des Wegs auf stolzen 2.734 Metern. Wer unterwegs die Stempel im Pass'port Gr'diste sammelt, erhält am Ende seiner Reise das »Certificat de Traversée des Pyrénées par le GR 10«.

51 Das Réseau Félix Trombe

Im längsten Höhlengeflecht Frankreichs

Das Réseau Félix Trombe – mit unterirdischen Gängen von 117 Kilometern Länge, 54 Eingängen und einem Höhenunterschied vom tiefst- zum höchstgelegenen Schacht von 1.001 Metern – ist Frankreichs längstes Höhlengeflecht. Die Karsthöhlen im Arbas-Massiv gelten als Speläologen-Paradies und sind nach dem Chemiker, Ingenieur, Solar- und Höhlenforscher benannt, der zwar zahlreiche Höhlen und unterirdische Flüsse entdeckte, aber trotz dieser Vorliebe fürs Dunkle, Feuchte und Tiefe außerdem in den Pyrenäen den ersten Sonnenofen der Welt erbaute (siehe Ort 45).

Im Massiv befindet sich auch die 446 Meter tiefe Schachthöhle La Henne Morte, deren Erkundung 1947 der Dokumentarfilmer Marcel Ichac *en direct* dokumentierte. Die Bilder des Oscar-Preisträgers (der auch die erste Himalaya-Expedition Frankreichs sowie in Unterwasserbildern die Tauchexpeditionen Jacques-Yves Cousteaus begleitete) wurden 1947 in den Pathé Journal-Nachrichten ausgestrahlt und gehören heute noch zum Kollektivgedächtnis der Franzosen. Vom Gedächtnis des Höhlenforschers Laurent Maffre ganz zu schweigen: Seit 35 Jahren erkundet der Höhlenführer das unterirdische Réseau, das für ihn nicht langweilig werden will. Und führt Besucher mit hinein, die schnell genug sind, ihm querfeldein durch den Wald zu folgen, durch Büschel von Hirschzungenfarn hindurch, bis man beispielsweise vor einem Loch steht, das Laurent Maffre Höllenauge nennt – und in das er dennoch mir nichts, dir nichts einsteigen würde: *Goueil dy Her* bedeutet im Okzitanischen »Auge der Hölle«, weil »die Menschen hier früher dachten, aus diesem Loch würde der Teufel schauen«, erklärt er. Den »siebten Kontinent« nennt Maffre die Welt der Höhlen: »Und ohne Aufpreise führe ich die Leute nicht nur hinein, sondern auch wieder aus den Höhlen heraus«, scherzt der Franzose: »Man soll ja in der Natur nichts rumliegen lassen.«

Adresse Laurent Maffre, Cocktail Aventure, Hameau La Tour, 31160 Herran | **Anfahrt** vermutlich trifft sich Laurent im benachbarten Arbas mit seiner Gruppe, über die D 13 | **Tipp** Eine Kaffeepause im hübschen kleinen Dorfladen mit Café-Terrasse »Epicérie La Tanière« von Arbas.

52__Les Orgues

Pssst! Les Orgues sind gar keine Orgeln!

Geologen mögen sich die Haare raufen, wird der Begriff »Orgel« von Wissenschaftlern doch vornehmlich für Basaltströme verwendet – und die Orgues hier sind nicht vulkanischen Ursprungs. Aber die Öffentlichkeit hat diese Erdpyramiden als Orgeln ins Herz geschlossen, und so bleibt es nun wohl bei diesem Namen für die aride Landschaft südlich der Têt. *Chéminées de fée*, Feenkamine, nennt man in Frankreich die steilen Erosionsformen aus Sedimentgestein eigentlich. Ihre Hüte stammen aus der letzten Eiszeit und beinhalten undurchlässigen Ton, was die bis zu zwölf Meter hohen Säulen darunter schützt. Zumindest eine Weile. Bei jedem großen Regenbruch gehen zwar mehrere Tonnen Sand verloren, dennoch: die nächsten Jahrhunderte wird es hier Erdpyramiden geben, manche zwar abgeschürft, dafür andere neu freigelegt.

Lange interessierten sich die Menschen vor Ort nicht besonders für dieses Naturschauspiel zwischen dem Granitmassiv von Quérigut-Millas und dem Tal der Têt: Für die Bauern war es verlorenes Gelände aus Ton und Sand, eine Landschaft erodierenden Zerfalls. Kein Wunder also, dass sie es Höllental nannten. Außer Wein wuchs hier nichts, und zur harten Arbeit, die der Boden forderte, kam noch die außergewöhnliche Hitze: Der helle Stein des Talkessels reflektiert die Sonne, manch ein Sommertag erreicht 43 Grad Celsius. Doch als 1981 hier Uran abgebaut werden sollte, drängten kämpferische Naturschützer auf den Erhalt der Orgues und konnten das industrielle Vorhaben durch den Eintrag als Landschaftsschutzgebiet durchkreuzen. Zum Glück. Vor fünf Millionen Jahren, als die Têt noch ein Arm des Mittelmeers war, gab es hier Affen und Nilpferde, die Pyrénées Orientales glichen dem Afrika von heute. Les Orgues führen uns an ferne Gestade und in vergangene Zeiten. In eine verschüttete Landschaft, freigelegt nicht durch Archäologen, sondern durch die Natur selbst.

Adresse Chemin de Regleilles, 66130 Ille-sur-Têt | **Anfahrt** N 116 bis Ille-sur-Têt, dann D 2 Richtung Montalba, Zielstraße rechter Hand | **Öffnungszeiten** 15. Juni – 14. Sept. 9.15 – 20 Uhr, im Frühling und Herbst etwa zwei Stunden weniger, in den Wintermonaten nur nachmittags geöffnet | **Tipp** Kontrastprogramm zur Wüstenei bietet das Casa9 Hotel in Thuir: Der Bauernhof aus dem 11. Jahrhundert versteckt sich im wuchernden Grün, zwischen Bambus, Palmen und Rhododendron warten ein Pool und neun Zimmer.

53 Der Bahnhof von Bolquère

Am höchsten Bahnhof im französischen Schienennetz

Würde ein Kind mit gelbem Filzstift einen Zug bekritzeln, sähe er genauso aus wie diese kleine Gebirgsbahn. Und das ockerfarben ausgemalte Häuschen, einsam im Feld, wäre der dazugehörige Bahnhof. Moment, was heißt denn wäre? Genau das *ist* der Bahnhof von Bolquère-Eyne! Auf 1.593 Metern gelegen, ist er der höchste ins französische Schienennetz integrierte Bahnhof der SNCF (was ihn vom Bahnhof Nid d'Aigle am Mont Blanc abhebt, der zugegebenermaßen fast 800 Meter höher liegt). Seit über 100 Jahren ruckelt der *Train Jaune*, der Gelbe Zug, das Tal der Têt und die Hochebene der Cerdagne entlang. Sein leuchtendes Gelb, samt roter Umrandung, entspricht nicht nur den katalanischen Farben, sondern brachte ihm auch den Necknamen *Canari,* Kanarienvogel, ein. Auf seiner 63 Kilometer langen Strecke von Villefranche-de-Conflent bis Latour-de-Carol passiert er 22 Bahnhöfe, hält aber nicht automatisch an jedem, den eigenen Ausstieg sollte man also vorab beim Schaffner anmelden. Und sich Zeit nehmen: Mit 30 Stundenkilometern benötigt die Schmalspurbahn drei Stunden für die Gesamtstrecke. Der »Eiffelturm der Katalanen« wird dieses bautechnische Meisterstück auch noch genannt: durch 19 Tunnel, um 390 Kurven (wer auch immer die gezählt hat), über spektakuläre Viadukte, sogar über eine Schrägseilbrücke rattert er.

An den Bahnhöfen, auch in Bolquère, weisen Schilder auf die 850 Volt Gleichstrom, denen man unbedingt ausweichen sollte. *Danger de Mort*, Todesgefahr! Die elektrisch betriebene *Ligne de Cerdagne* verfügt über eine dritte, höher liegende, stromführende Schiene, die ständig die Schleifkontakte des Zugs berührt und ihn so mit Strom versorgt. Welcher sich – wir sind in den gebirgsbachreichen Pyrenäen! – selbstredend aus Wasserkraftwerken speist. 1.200 zu bewältigende Höhenmeter, 60 Promille Steigung – und noch genug Puste für diesen hellen Pfiff. *Et alors*, flieg, *Canari*, flieg!

Adresse Gare de Bolquère-Eyne, Rue de la Gare, 66210 La Cabanasse-Bolquère | **Anfahrt** N 116, rechts auf Route de la Perche (D 10), links auf La Coumasse | **Öffnungszeiten** ganzjährig, im Sommer auch im offenen Abteil | **Tipp** Der Endbahnhof Latour-de-Carol nennt sich stolz »internationaler Bahnhof«, verknüpft dieser doch drei Bahnstrecken mit unterschiedlichen Stromsystemen und Gleisstellungen: Die französische Normalspur nach Toulouse mit der SNCF, die iberische Breitspurbahn nach Barcelona mit der Renfe und die Schmalspurbahn des Gelben Zugs auf der Meterspur.

54__Die Sternwarte am Pic du Midi

Die Sonne, die Sterne und die Spitze des Südens

Um in die wissenschaftlich genutzten Räume der Sternwarte auf dem Pic du Midi zu dürfen, muss man astronomischer Mitarbeiter sein – oder einer von 27 möglichen Übernachtungsgästen. Nur dann erhält man Zugang zum geschlossenen Trakt und seinen langen, in den Berg gekrösten Verbindungstunneln, die in jede James-Bond-Verfilmung hineinpassen würden. Sehr lange nahm man an, der Pic du Midi – die Spitze des Südens – wäre der höchste aller Pyrenäengipfel, so dominierend ragt er heraus. Doch selbst samt seiner markanten, ihn schon von Weitem verortenden Rundfunkantenne wird er nicht zum Dreitausender. Bereits 1740 errichtete man auf seinem Gipfel eine Hütte für geodätische Beobachtungen, ab 1870 wird am damals höchstgelegenen Observatorium Europas gebaut. Und noch heute ist es ein Ort für Superlative: Seit 1980 steht hier das größte Spiegelteleskop Frankreichs, ein kleineres, 1963 von der NASA finanziert, half bei den Vorbereitungen der Apollo-Mission. Derzeit misst der Bau über 10.000 Quadratmeter Fläche, verteilt auf sechs Ebenen und verbunden durch ein fünf Kilometer langes Gängesystem, das sichere Fortbewegung bei hohen Windgeschwindigkeiten von bis zu 288 Stundenkilometern gewährleistet. Oder eben bei 30 Grad Minus.

Das höchste Planetarium Europas steht auch hier, aber selbst ohne Hilfsmittel ist die Sicht an klaren Tagen überragend: Im Süden überblickt man die Pyrenäenkette von Katalonien bis ins Baskenland, im Norden das Vorgebirge des Zentralmassivs, im Westen ragt der Leuchtturm von Biarritz auf. Ein Sechstel der Fläche Frankreichs liegt einem hier zu Füßen. Für diesen Blick erträgt man ein kräftiges *mal de montagne*, die Höhenkrankheit, und die 30 Prozent weniger Sauerstoff. Vielleicht aber ist es einfach dieser Sonnenaufgang auf 2.877 Metern, der einem den Atem nimmt.

Adresse Rue Pierre Lamy de la Chapelle, 65200 La Mongie | Anfahrt D 918, von hier aus mit der Seilbahn zur Sternwarte | Öffnungszeiten ganzjährig außer Mai | Tipp Das Musikfestival Piano Pic bietet jeden Juli Konzerte an ungewöhnlichen Orten wie dem Altersheim von Castelmouly, dem Palmengarten der Therme von Bagnères – oder eben auf dem Pic du Midi. Der Flügel kommt am Konzertmorgen mit der allersten Seilbahnkabine auf den Gipfel.

55 Das Baumhaus im Schlossgarten

Im siebten Himmel, auf sieben Metern

Welches ist wohl der schönere Blick: der vom Schloss zum Baumhaus hinauf oder doch der vom Baumhaus hinunter ins Château, durch die hohen Fenster, hinter denen die pistaziengrüne Täfelung den *Salon des Dames* verrät, wo auf einem Louis-XV.-Tischchen noch immer ein belgisches Porzellanservice auf die heiße Schokolade wartet? Das Schlösschen aus dem 17. Jahrhundert gehörte zuletzt dem Ehepaar Louis und Madeleine Serbat. Die reichen Kunstsammler hatten es kurz nach dem Zweiten Weltkrieg erworben und bauten hier ihre Schätze samt Gemälden von Fragonard, Bruegel, Rubens und Tapisserien aus Aubusson zu einer regelrechten Inszenierung des *Siècle des Lumières* auf. In dem jetzigen Kunstgewerbemuseum lässt sich noch heute nachvollziehen, wie ausgezeichnet es sich im Zeitalter der Aufklärung auf einem Landschlösschen leben ließ, war man nur vermögend genug, aus Baccarat-Gläsern zu trinken und die Arme nach getaner Voltaire-Lektüre auf den Löwenkopflehnen chintzbezogener Sessel abzulegen.

Und trotzdem tauscht man gern das Baldachinbett gegen eine *cabane perchée*, wie Baumhäuser in Frankreich heißen. Denn in dem zwölf Hektar großen Schlosspark, direkt über dem wilden Lauf des Gave d'Oloron, ist *Le Temps suspendu*. Diese »angehaltene Zeit« bezeichnet fünf Baumhäuser in Schlossnähe, umringt vom Garten à la française, exotischem Bambuswald oder Terrassen. Das Baumhaus »Im siebten Himmel« befindet sich tatsächlich auf sieben Metern Höhe in den knorrigen Ästen einer 150 Jahre alten Zeder. Man hat einen kleinen Gasofen, eine Trockentoilette sowie das 200 Meter entfernte Badezimmer im Château zur Verfügung, Letzteres zumindest bis 20 Uhr, dann schließt das Schlossbüro. Das Frühstück wird morgens über ein Körbchen aufs Baumhaus gezogen. Also mal ehrlich: Wer braucht da noch geschnitzte Löwenköpfe?

Adresse Le Temps supendu, Domaine de Laàs, Bourg, 64390 Laàs | **ÖPNV** über die D 27 | **Öffnungszeiten** ganzjährig buchbar unter www.cabanes-temps-suspendu.com oder Tel. 0679/368063 | **Tipp** Der Gave d'Oloron bietet sich für Rafting-Touren an und durch den Park zieht sich von April bis November ein dreistündiges *jeu de piste*, eine Schatzsuche für Kinder ab vier Jahren, rund um die Geheimnisse der Musketiere. 26 Aufgaben müssen im Château des Énigmes unterwegs gelöst werden.

56__Laàs Vegas Boulevard

Der Walk of Fame führt durchs Béarn

Wenn die großen Namen des französischen Chansons Sommer für Sommer in ein kleines Dorf im Béarn kommen, dann hat das mit einem äußerst ideenreichen Bürgermeister zu tun, dessen Projekte in der Südwestpresse Frankreichs immer wieder für Aufmacher sorgen. Seit 1996 werden in Laàs die Transhumances musicales ausgerichtet, die in manchem Jahr über 8.000 Festival-Besucher in dieses Dorf mit 135 Einwohnern bringen. Barbara war da und Maxime Le Forestier. Aber auch jüngere Vertreter französischer Musik, wie Manu Chao oder Calogero. Und weil so viele nationale und internationale Stars inzwischen in seiner kleinen Kommune aufgetreten sind, erklärt Jacques Pédéhontàa, übrigens seit 1983 durchgehend wiedergewählt, sei es an der Zeit gewesen, diese Momente auch im Kulturerbe der Gemeinde zu verankern.

2017 hat er also feierlich den Laàs Vegas Boulevard eröffnet, als Reminiszenz an die eminente Künstlerliste seines Sommerfestivals. Dieser »Walk of Fame« folgt einem Sterne-Parcours vom Schloss am Dorfeingang bis zur Kapelle am Dorfausgang und positioniert so Hollywood mitten im Béarn. Über 30 Sterne sind bereits übers gesamte Dorf verteilt. Brigitte Bardot verdankt den ihren allerdings nicht einem Auftritt in Laàs, sondern einem weiteren außenwirkungscleveren Vorstoß des *maire du village*: Als in den 1990er Jahren die Gemeindeoberen von Saint-Tropez ankündigten, dass Hunde an den Stränden nur noch angeleint erlaubt wären, habe die tierliebende Schauspielerin angedroht, wegzuziehen, erklärt die Inschrift des Bardot-Sterns. Und der Bürgermeister von Laàs ihr sofort angeboten, sich doch lieber in seinem Dorf niederzulassen, wo »Hunde, Katzen, Hühner, Kühe und Schweine frei umherlaufen«. Das mit dem Umzug hat zwar nicht geklappt, aber, so heißt es weiter im Text, »seit diesem Tag hält Brigitte Bardot ›ihrem Herzensdorf‹ treue Freundschaft«.

Adresse 64390 Laàs | **Anfahrt** über die D27 | **Tipp** Heiraten in Laàs: Brautleuten verspricht die Gemeinde eine »fürstliche Hochzeit« mit Schlosskulisse, Kutschfahrt und dem ganzen Schnickschnack eines *mariage princier*. Dafür hat Laàs die eigene Facebook-Seite »Mariage à Laàs«, den Hochzeits-Blog www.mariage-laas.com und – jawohl! – einen eigenen Wedding Planner.

57 Principauté de Laàs

Von Fürsten, Fehden, Formel 1!

Alles begann damit, dass Jacques Pédéhontàa, Bürgermeister der 135-Seelen-Gemeinde Laàs im Béarn, sich fürchterlich über ein Gesetz aufregte, dessen Umsetzung noch unter Nicolas Sarkozys Präsidentschaft eingeleitet wurde. Die territoriale Umgestaltung Frankreichs durch das Loi NOTRe stärkt die Kompetenzen der großen Regionen und schwächt die der kleineren Départements. Laàs gehört nun zur Region Nouvelle-Aquitaine. Die mit 84.061 Quadratkilometern größte Region Frankreichs reicht von der spanischen Grenze bis hinauf nach Poitiers und hat mehr Fläche als Österreich. »Für ein kleines Dorf wie das unsere«, führt Pédéhontàa aus, »ist es schwierig, sich darin wiederzufinden.« Diese Schaffung von Metropolregionen, so ärgert sich der Franzose, verschlimmere zudem die Entvölkerung der ländlichen Gebiete. Ein Gegenmittel war schnell erdacht: Laàs würde sein Schicksal wieder selbst in die Hand nehmen. Als Fürstentum.

So hat er 2011 Sarkozy einen Brief geschrieben: »Herr Präsident, ich bin nicht einverstanden mit ihrer Vision, Frankreich zu reformieren.« Und unterbreitete dem Staatspräsidenten darin, dass Laàs ein Fürstentum werden würde: »Dann könnten wir eine Tankstelle errichten und unser Benzin ohne Steuern verkaufen.« Bisher wurde seine *Principauté* zwar weder vom französischen Staat anerkannt noch von Steuern befreit, aber sei's drum. Eine Zollstation aus blauem Holz hat der findige Bürgermeister schon mal am Eingang des Dorfs platziert, und für 35 Euro kann man einen eigenen Pass beantragen. Bei einem Abendessen mit Fürst Albert II. von Monaco habe dieser ihm allerdings gesagt, die Formel 1 könne er sich nun nicht aneignen, wären die Straßen von Laàs doch zu schmal für Boliden. Ein Fehdehandschuh, eine Herausforderung! Der hat sich Pédéhontàa selbstredend gestellt. Jetzt gibt es den Grand Prix International de la Brouette im Dorf. Es ist ein Schubkarrenrennen.

Adresse 64390 Laàs | **Anfahrt** über die D 27 | **Tipp** In der Auberge de la Fontaine kommt die Garbure, der Bauerneintopf der Pyrenäen, mit allem, was die Speisekammer hergibt, im großen Suppentopf auf den Tisch. Jedes erste Septemberwochenende findet außerdem im rund 30 Kilometer entfernten Oloron-Sainte-Marie die Eintopf-Weltmeisterschaft »Garburade« für rund 1.500 Gäste statt.

58__Maison Constanti

Der Chocolatier der Musketiere

Die sanft hügelige Gegend um Lanne-en-Barétous ist noch immer das Reich der Musketiere, das sieht man sogar an der Werbetafel, die zu Brot und Gebäck von Jean-Luc Constanti führt. Vor seiner kleinen Pâtisserie in hellem *Bleu,* auf einem der weißen Stühlchen der Terrasse, könnte man zum Beispiel ein Stück der geeisten Torte essen, die »Le Chapeau de d'Artagnan« heißt. Dieser Hut von d'Artagnan hat es in sich: Pflaumensorbet ist darin, eine Schicht Armagnacmousse auf Nougatbett. Und sehr, wirklich sehr viel Sahne. Letztere braucht es, um Feder und Lilie des Musketiers darzustellen. *Sacrebleu*, würde Porthos da vermutlich anerkennend ausrufen, ist dieses Rezept, ach, diese Kampfansage an die Grenzen der Backkunst, doch den Taten eines echten Musketiers wahrhaft würdig.

Zum *patrimoine local*, dem lokalen Erbe des Landstrichs, zählt manch einer die Maison Constanti bereits. Die Bäckerei wurde 1923 von Jean-Lucs Großvater Léon Constanti in Lanne-en-Barétous gegründet, danach hat sein Vater Jean das Familienunternehmen übernommen. Und nun steht also Jean-Luc in der einstigen Boulangerie, die inzwischen tatsächlich eine Pâtisserie ist. Zwar gibt es hier noch immer Brot und Baguette, aber die Kunden kommen doch vor allem wegen Jean-Lucs Schokoladen und Zuckerbäckerei. Die Bio-Zutaten sind regional, die Butter hat sogar ein AOC Label. Nur einen kurzen Spaziergang von der Pâtisserie entfernt befindet sich das Château de Porthos. Und auch wenn das Schloss eigentlich Porthos' Schwester gehörte, hatte der unverheiratete Musketier doch hier bei ihr seinen Lebensabend verbracht. Bis vor Kurzem noch ein Gästehaus, ist es derzeit leider verschlossen, aber auch die neuen Besitzer planen, es als Ferienhaus zu vermieten. Im ganzen Château wäre somit genügend Platz für, sagen wir, drei Freunde mindestens. Drei? *Exactement*: Einer für alle, alle für einen!

Adresse Rue des Pyrénées, 64570 Lanne-en-Barétous, www.chateau-de-porthos.com | **Anfahrt** über die D 918 | **Tipp** Das viertägige Schäferfest Fête des Bergers d'Aramits findet Mitte September im Nachbardorf Aramits statt, aus dem – genau! – der Musketier Aramis stammt. Das Ortswappen zeigt folgerichtig zwei gekreuzte Säbel und den Musketierhut mit weißer Plumage.

59_Parc de la Demi-Lune

Ergotherapie unterm Halbmond

Gern besuchen die Kinder von Lannemezan diesen charmant-unaufgeregten Freizeitpark, um sich in die Kutschen und Kürbisse des Märchengartens zu setzen, Minigolf zu spielen oder auf dem kleinen künstlichen See Tretboot zu fahren. 2017 zählte der Parc de la Demi-Lune – der Halbmondpark – 80.000 Besuche. Daran erkennt man schon, wie fest verankert er im Familienprogramm der Bewohner des zentralpyrenäischen Städtchens mit knapp 6.000 Einwohnern ist. Was diesen Park zu etwas ganz Besonderem macht, sind allerdings nicht seine Besucher, sondern die Betreiber: Anfang der 1950er Jahre startete der Vergnügungspark als national aufsehenerregendes Pilotprojekt, liegt er doch auf dem Areal einer psychiatrischen Klinik – und ist Teil der Therapie. Auch heute sind es größtenteils Patienten mit leichten psychischen Störungen, die im Park mitanpacken. Verantwortungsvolle Aufgaben – etwa die Sicherung im Hochseilpark – werden zwar von Angestellten erledigt, doch übernehmen die Patienten beispielsweise den Getränkedienst an der Bar oder das Eselwandern mit der Kundschaft.

Die Klinik kam 1945 unter die Leitung von Henri Ueberschlag, dessen psychiatrischer Ansatz vor allem auf die Wiedereingliederung des seelisch Erkrankten in der Gesellschaft zielte. Resozialisierung war für den Professor zwingend an eine sinnvolle Tätigkeit gekoppelt. Seine ergotherapeutische Maßnahme, die Klinik über die Errichtung eines Freizeitparks der Außenwelt zu öffnen und so innerhalb des Krankenhausgeländes den Austausch zwischen Patienten und Bevölkerung zu ermöglichen, erschien zu der Zeit – nun ja – verrückt. Aber es hat funktioniert: Im Laufe der Jahrzehnte ist nicht nur viel Neues zum Park dazugekommen – inzwischen führt unter anderem eine Zipline über den See –, sondern auch ein eigenes, von Patienten mitgeführtes »Demi-Lune«-Hotel samt Restaurant an einer Ausfallstraße von Lannemezan.

Adresse ESAT du Plateau de Lannemezan, La Demi-Lune, 65300 Lannemezan | **Anfahrt** A 64, Ausfahrt 16, 3. Kreisverkehrausfahrt auf D 939, 4. Kreisverkehrausfahrt auf D 929, dann rechts in die Rue du Docteur Uberschlag | **Öffnungszeiten** Sommer täglich 11–20 Uhr, Dez., Jan. geschlossen | **Tipp** Im Bar-Restaurant »Le Pré Vert« auf dem nahe gelegenen Golfplatz gehen alle Einwohner der Hochebene von Lannemezan essen, zumindest könnte man das beim Mittagstisch meinen, so voll wie es ist. Ältere Golfspieler sitzen neben jungen Rugbyhelden, der Wirt Gilles Capelle vereint in hoheitsvoller Brachialität beide Sportarten.

60__Das Atelier Ainciart-Bergara

Der Makhila: Waffe und Wanderstab

Den Ursprung des Makhilas, dieses baskischen Spazierstocks, der Ehrenabzeichen und Stichwaffe zugleich ist, kennt nicht einmal Charles Bergara, Oberhaupt der Ainciart-Bergara. Seine Familie stellt den traditionellen Gehstock seit immerhin sieben Generationen her, ihre Handwerkskunst wurde von der UNESCO in die Liste des immateriellen Kulturerbes aufgenommen. Sein Großvater, erinnert sich der über 90-Jährige, hatte ihm zu seinem dritten Geburtstag 1929 einen kleinen Hammer geschenkt. Er geht ein paar Schritte durchs Atelier und zieht ein Miniatur-Hämmerchen hervor. Hier geht nichts verloren, heißt das: Weder das Wissen um die Herstellung noch das Werkzeug. Nur eben die Geschichte des Makhilas – was im Baskischen einfach nur Stock heißt –, da muss auch Charles Bergara mit den schmalen Schultern zucken. Es heißt, der Zierstock entstand zu einer Zeit, als es nicht besonders sicher war, auf Wanderschaft zu gehen. Bei der Begegnung mit Wegelagerern erwies er sich als treuer Begleiter, verfügte er doch über eine tödliche Spitze. Noch heute lässt sich die runde Kuppe am Stockende abschrauben, um das Bajonett darunter freizulegen. *Bijou redoutable*, gefürchtetes Schmuckstück, wird der Makhila daher auch genannt.

Immer noch präpariert der Senior selbst das Mispelholz für die Stöcke im Wald. Die Stämme werden im Frühling am Strauch eingeritzt und zu Winterbeginn geschnitten, im Ofen gebrannt und entrindet. Unter der Rinde erscheint dann die Ritzzeichnung, die mitgewachsen ist. Danach werden die Stöcke gelagert, eingefärbt und erst wieder bei der richtigen Bestellung hervorgeholt, soll der Stock doch der Größe des künftigen Trägers entsprechen. Auf den wird auch die metallische Verzierung des Makhilas abgestimmt und ein persönliches Motto eingraviert – natürlich übersetzt ins Baskische.

Adresse Inthalatzia Ouest, Fronton, 64480 Larressore | **Anfahrt** D 932, 1. Kreisverkehrausfahrt auf Ospitalie (D 20), Zielstraße rechter Hand | **Öffnungszeiten** täglich 8–12 und 14–18 Uhr (Sa bis 17 Uhr), So und Feiertag geschlossen | **Tipp** Im nahen Espelette (wo der berühmte Pfeffer wächst, der *piment d'Espelette*) steht das marmorne Art-déco-Grabmal von Agnès Souret, die 1920 den ersten Schönheitswettbewerb Frankreichs gegen 2.062 Mitstreiterinnen gewann – mit 114.994 Publikumsstimmen! Sie war die erste Miss France, allerdings bevor der Titel so hieß.

61__Le Petit Train d'Artouste

Das Gleis zum Gletschersee

Eine Schmalspurbahn, ohne Ortsanschluss, mitten im Gebirge. Mit einer Fahrtstrecke von rund zehn Kilometern. Und einem Kopfbahnhof, der außer einem kleinen Bistrot und öffentlichen Toiletten nichts anzubieten hat. Wer kam denn wohl auf die Idee? Nun, geplant war *le Train d'Artouste*, der Zug von Artouste, eigentlich als Provisorium: Als der Gletschersee Lac d'Artouste in den 1920er Jahren über ein Staudammprojekt erhöht werden sollte, um ein Wasserkraftwerk im Ossau-Tal zu speisen, mussten ja irgendwie Arbeiter, Verpflegung und vor allem tonnenweise Zement zur Baustelle gekarrt werden. Nach Fertigstellung hat man das Bähnchen abgebaut, es aber ganz schnell wieder eingesetzt, als man merkte, wie kompliziert es war, den Staudamm ohne Infrastruktur zu warten. Und sehr bald erhielt der kleine Zug von unerwarteter Seite noch mehr Anerkennung: Bereits 1932 führte er nämlich die ersten Touristen mit an Bord. Der Erfolg war – Vorsicht, Kalauer! – bahnbrechend. Auch heute ist diese zweithöchste Zugfahrt Frankreichs sehr beliebt, sie reicht bis auf 1.940 Meter.

Mit einer Gondel geht es zunächst aus Fabrèges hinauf zum Zug mit seinen gelben Plastik-Zweisitzern in offenen Wagons. Und man ist dann schon mittendrin im Nationalpark Pyrenäen. Blickt auf, zu den umgebenden Bergspitzen, etwa dem Pic Palas an der franko-spanischen Grenze, mit 2.974 Metern der höchste Gipfel der Pyrénées-Atlantiques. Oder beugt sich hinunter zum Gletschertal Vallée du Soussouéou, wo Kühe der Gascogne-Rasse helle Tupfer ins Wiesengrün setzen. Derweil rattert le petit train d'Artouste über die Schienen wie ein sehr lauter Rasenmäher. Nach 50 Minuten ist man am Zielbahnhof, der Gare de la Sagette, am Fuße des Staudamms, von hier führt ein kurzer Spaziergang zum Lac d'Artouste auf 1.997 Metern Höhe. Die Aussicht: glorreich. Und »Wer kam denn wohl auf die Idee?« ist eine Frage, die keiner mehr stellt.

Adresse Fabrèges, 64440 Laruns | Anfahrt Route Nationale 134 Richtung Saragossa oder Gan folgen, dann Laruns folgen, dann der Beschilderung Artouste – Col du Pourtalet | Öffnungszeiten täglich Mitte Mai – Mitte Okt. | Tipp Mit dem *Billet Campeur* kann man eine Nacht in den Bergen verbringen und den Zug zurück zur Gondel erst am nächsten Tag nehmen. Nächtigen kann man beispielsweise in einem Refuge, den Platz in der Schutzhütte sollte man aber reservieren.

62 Die Höhle von Mas d'Azil

Mit dem Auto durch die Steinzeit

Durch dieses klaffende Loch im Kalkstein des Plantaurel-Massivs donnert der regengeschwängerte Gebirgsbach Arize. Und der Verkehr der Route Départementale D 119. Das hier ist aber nicht nur die einzige Höhle Europas, durch die ein Fluss und eine Straße führen. Nein, wer in seinem Auto durch die rund 450 Meter lange Tunnelhöhle fährt, tut es entlang von Terrassen, auf denen einst der prähistorische Mensch sein Lager schlug.

Denn gleich hinter dem rund 70 Meter hohen und 50 Meter breiten Eingangsbogen öffnet sich am linken Ufer ein 100 Meter langer Felsvorsprung, etwa zwölf Meter oberhalb des Flusses. Hier, im Gestein aus Kreidezeit und Tertiär, hat der französische Prähistoriker Édouard Piette 1887 Reste menschlicher Behausungen ausgegraben. Und eine wichtige Kultur des europäischen Jungpaläolithikums gefunden, die er dann auch gleich nach dem Fundort selbst benannte: Das Azilien führt zurück in die Zeit von 12.300 bis 9.600 vor Christus. Das ist zwar auch schon etwas her, doch bereits davor hatten sich Steinzeitmenschen auf den Galerien der Karsthöhle niedergelassen. Insgesamt sind in der Höhle von Mas d'Azil die Hinterlassenschaften und Spuren dreier vergangener Kulturen zu finden: das Aurignacien (vor rund 35.000 Jahren), das Magdalénien, dessen Vertreter als erste den dunklen Schutz der Höhlen auch verließen, um sich auf lichtreichen Felsvorsprüngen niederzulassen. Und eben die *culture azilienne*.

Doch auch wenn heute Scheinwerferkegel und nicht Öllampen die Höhlenwände beleuchten, noch immer dröhnt das Rauschen der Arize durch den Fels, ihr Getöse lehrt selbst dem Verkehrslärm noch Demut. Als weitere Neuerung prangt heute ein kleiner grüner Eisenbalkon über dem Eingangsbogen, von dem aus man Bungee springen könnte. Das ist aber gar nicht nötig. Der Zeitsprung in die Frühzeit der Menschheit ist wirklich schon aufregend genug.

Adresse D 119, Avenue de la Grotte, 09290 Le Mas d'Azil | Anfahrt über die D 119 | Öffnungszeiten Juli, Aug. täglich 9.45–20 Uhr, in den übrigen Monaten kürzer, Nov.–Jan. fast durchgehend geschlossen, Reservierung empfohlen, vor allem, wer eine englischsprachige Führung möchte, unter Tel. 0561/051010 | Tipp Im Dorf Le Mas d'Azil feiert der Handwerks- und Schlemmermarkt Fête de la Figue alles rund um die Feige. Lokale Besonderheit des Feigenfests am ersten Oktoberwochenende: »La Castex«, eine Feige mit hellgelber Haut und rosa Fleisch aus dem nahen Dörfchen desselben Namens, die nur im Tal der Arize wächst.

63_Chez Rogé

Die Bar der Blumen und Belote

Das Bar-Tabac Chez Rogé, im Herzen von Loudenvielle, ist eine Institution. Eingefasst in die Gassen geduckter Steinhäuschen, taktet das Bistrot das soziale Leben des Dorfs. Hier trifft man sich, um sich über Wetter, Vieh und alle anderen Neuigkeiten des Louron-Tals auszutauschen. Seit 1930 ist Chez Rogé ohne Unterbrechung geöffnet. Aufgemacht hat es damals Lulu, der Vater von Josette Bourg, die inzwischen Chefin ist und im grün karierten Arbeitskittel ihre Enkeltöchter und Gäste betüddelt. Oder ihre Hofterrasse bepflanzt, auf der man im Sommer unter roten Sonnenschirmen sitzt. Damit ihre Gaststätte bei der regionalen Bezirksausschusswahl auch ja wieder zu den Preisträgern der am schönsten blühenden *commerces fleuris* gehört.

Jeden zweiten Freitagabend herrscht allerdings ein ganz anderer Wettbewerbsgeist in Josettes Gaststube: Es findet nämlich das Kartenspielturnier concours de belote statt. Und zur Belote ist ordentlich was los, da reist man von weit her ins Chez Rogé, aus bis zu 30 Kilometer entfernten Dörfern sogar, was auf den kurvigen Pyrenäensträßchen tatsächlich einiges an Zeit kosten kann. Manchmal reichen die Spieltische in der Bar nicht mehr für alle Mitspieler aus, sodass man in den Flur oder sogar in Josettes Esszimmer ausweichen muss. Der Rekord seien einmal 76 Mitspieler in ihrem kleinen Bar-Tabac gewesen, bestätigt die Chefin. La Belote ist Frankreichs beliebtestes Kartenspiel und wird üblicherweise zu viert gespielt, jeder Mitspieler erhält acht Karten. Ziel ist es, im Zweierteam eine zuvor festgelegte Punktzahl zu erreichen. Die Karte mit der höchsten Punktzahl ist der Trumpf-Bube mit 20 Punkten, während man für eine Dame nur drei Punkte einheimst. Wer beim Turnier gewinnt, freut sich über einen Schinken aus der Region. Es geht aber sowieso keiner leer aus, denn am Ende des Abends lädt Josette alle zur selbst gekochten Zwiebelsuppe ein.

Adresse 11, chemin de Clarabide, 65510 Loudenvielle, Tel. 0562/996804 | **Anfahrt** D618, dann D25, rechts auf den Chemin de Cazalis, rechts auf Zielstraße | **Öffnungszeiten** täglich 8–22 Uhr (bei den Turnieren länger), Turniere Ende Okt.–Ende Juni am 2. Freitag des Monats | **Tipp** Loudenvielle mag nur etwas mehr als 300 Einwohner haben, aber am Bergsee der Gemeinde gibt es einen Thermalkomplex (Balnéa, geführt von Josettes Tochter Claire) mit dampfenden Onsen-Bädern und Blick auf die verschneiten Pyrenäengipfel – und in einer der gewundenen Dorfgassen das 3-D-Kino Arixo.

64_Fragosta

Die Himbeerwinzerin

Wie wird man zur Himbeerwinzerin? Nur mit viel *amour*, natürlich: Eine Chemiestudentin aus dem Médoc verliebt sich in einen echten Bergfex. Der Toningenieur aus Loudervielle arbeitet im Winter beim Pistenrettungsdienst an den Skihängen von Peyragudes. Vor Ort verguckt sich Estelle Civadier gleich noch einmal – in die Zentralpyrenäen. Sie war das Labor und das Stadtleben leid, die schnelle Taktung alles Urbanen sowieso. Aber was könnte eine Chemikerin in diesem steil terrassierten Nest mit 58 Einwohnern anfangen? Eine Checkliste ihrer wesentlichen Stärken war schnell geschrieben: Civadier war in der Tradition einer der bekanntesten Weinbauregionen der Welt aufgewachsen und hatte ihr chemisches Wissen im Studium zusätzlich vertieft. Und: Sie liebte Himbeeren. Als sie entdeckt, dass man diese Beeren keltern kann, entwickelt sie mit fermentierten Himbeeren ein von der Champagnermethode inspiriertes Getränk.

Eigentlich hatte sie für ihr neues Produkt auch ein neues Wort erdacht: *Chamboise*, gebildet aus Champagner und *framboise*, dem französischen Wort für Himbeere. So durfte sie ihren Schaumwein aber nicht nennen, der Name sei zu dicht dran am geschützten »champagne«. Doch gegen Fragosta, okzitanisch für »Himbeere«, konnte keiner was sagen. Auf 1.100 Metern wachsen inzwischen ihre Himbeeren, die sie von Juni bis zum ersten Schneefall im November per Hand erntet und mit mineralreichem Quellwasser bewässert. Zwei Jahre lang tüftelte sie an ihrer Rezeptur, 2014 hielt sie dann endlich die erste selbst produzierte Flasche in den Händen. Wer durch das Dorf zu ihren Himbeerfeldern läuft, wo sie auch Einblick in ihr Atelier gewährt, kommt an einem idyllischen Picknicktisch unter einem Schrein des heiligen Antonius vorbei. Ein Eremitenleben in der Wüste, vom Teufel versucht! Ach, nein. In Loudervielle sollte man sich allerhöchstens von der Himbeerwinzerin versuchen lassen.

Adresse Secret des Pyrénées, Le Village, 65240 Loudervielle | **Anfahrt** D 618, bei Praderas links, rechts Richtung Le Village, auf D 316 ans Ziel | **Öffnungszeiten** Dégustation und Direktverkauf Do, Fr 17–19 Uhr in den Ferienzeiten, ansonsten auf Voranmeldung unter Tel. 0695/515555 | **Tipp** Ein Reliquiar der romanischen Kirche Sainte-Marie-Madeleine soll Fragmente des heiligen Kreuzes bergen, der Legende nach zwei Rittern der Adelsfamilie von Loudervielle nach einem Kreuzzug gen Jerusalem für ihre Tapferkeit überreicht. Den Schlüssel zur Kirche kann man sich samstagnachmittags beim Rathaus besorgen (Tel. 0562/996570).

65 Die Basilika Pius X.

Oben Beete, unten Gebete. Die Kirche unterm Rasen

Monsignore Roncalli, der spätere Papst Johannes XXIII., soll bei der Einweihung des Sakralbaus 1958 gesagt haben, er habe ja gewusst, dass Lourdes ein Ort der Bekehrung sei – und man ihn hiermit zum Beton bekehrt habe. Dabei hatte er das Gebäudeinnere zuvor wohl abwertend mit einer Spinne verglichen. Und sich damit eingereiht in die Kritikerriege, die dieser unterirdisch gelegenen Basilica minor aus Spannbeton und von ovalem Grundriss missbilligend begegnete.

Lourdes' größter Kirchenbau ist aber auch so ganz anders als der Rest des Wallfahrtheiligtums und dessen süßlich-melancholischem Historizismus. Mit dem unterm Rasen verschwindenden Bau, in den fast kein natürliches Licht fällt, brachte Architekt Pierre Vago die Moderne in die Pilgerstadt. Und ungewöhnliche Maße gleich mit: 201 Meter lang, 81 Meter breit und ausreichend Platz bietend für 25.000 stehende Gläubige (zum Vergleich: in die Notre Dame von Paris passen 3.000), wird dieser unterirdische Raum von 18.000 Tonnen Material aus Beton, Erde und Rasen bedeckt. Für seine Realisierung nahm Vago viele konstruktionstechnische Schwierigkeiten in Kauf. Er konzeptionierte eines der ersten Gebäude Europas, das dem möglichen Auftreten von Erdstößen – die Pyrenäen sind eine seismisch aktive Zone – mit architektonischen Mitteln begegnete. Und setzte zudem einen Hohlraum, der tiefer lag als der Wasserlauf des Gave du Pau.

Bei den Internationalen Messen für Pilger aus der ganzen Welt reichen die 5.000 Sitzplätze oft nicht aus, bis zu 500 Priester nehmen daran teil, sie alle tragen die langen, weißen Messgewänder, die Lourdes tausendfach produzieren lässt. Vom einstigen klerikalen Unbill gegenüber der Moderne ist nichts mehr zu spüren, im Gegenteil: Manche hätten Tendenz, die Kasel als Erinnerungsstück mit zurück in die Heimatgemeinde mitnehmen zu wollen, erzählt man vor Ort augenzwinkernd.

Adresse 97 Boulevard Rémi Sempé, 65100 Lourdes | Anfahrt N 21, 2. Kreisverkehrausfahrt auf D 914, links Richtung Zentrum, 1. Kreisverkehrausfahrt auf Blvd de la Grotte, wird zur Zielstraße | Öffnungszeiten Mi, So 9.30 Uhr »Internationale Messe« | Tipp Chocolat Pailhasson, die älteste Schokoladenmanufaktur Frankreichs, wurde 1729 in Lourdes von einer Apothekerfamilie gegründet und musste zwischenzeitlich schließen. Seit 2017 gibt es hier wieder einen *Salon de thé*, in dem man die Pyrenäensüßigkeit *crottes d'isard* probieren kann, was übersetzt zwar Gämsenköttel heißt, aber glücklicherweise doch nur geröstete Nüsse im Schokomantel bezeichnet.

66 Im Grand Hôtel Moderne

Luxus für die Pilger

Nichts anderes als »das schönste Hotel der Stadt« wollte Louis Majorelle einrichten, als er die schwindlig sich windende Treppe und den Speisesaal im Grand Hôtel Moderne entwarf. Und das sollte dem Kunsttischler, Gründungsmitglied der École de Nancy und somit dem »Art nouveau« verpflichtet, auch tatsächlich gelingen. Sein Restaurant mit der dunklen Kassettendecke, den hellen Marmorsäulen samt korinthischen Kapitellen – aus pyrenäischem Marmor, versteht sich –, den vergoldeten Spiegeln und Thonet-Stühlen (noch heute sind es die aus den 1890er Jahren) wurde bereits mit der Eröffnung zum Herzstück eines der elegantesten Belle-Époque-Hotels überhaupt. Dessen barockisierend gewölbte Außenfassade, die hohen Fenster und Balkone in geschwungenem Stein wurden allerdings von Jean-Marie Lacrampe entworfen. Geboren und gestorben im Pilgerort, wirkte der Franzose 38 Jahre lang als *der* Architekt von Lourdes, ist er doch für die stadtplanerische Wandlung von der kleinen Berggemeinde zum internationalen Wallfahrtsort, dem *nouveau Lourdes*, verantwortlich. Von seinem Reißbrett stammen die Pläne für die Kanalisation genauso wie Rathaus, Schlachthof, Mädchenschule, Straßenführung sowie die Sakralbauten des *sanctuaire*.

Das Grand Hôtel Moderne wurde 1896 vom Neffen der heiligen Bernadette, Jean Soubirous, eröffnet, der wohl nicht nur den richtigen Familiennamen, sondern zudem ein gutes Näschen für das Geschäft mit dem Glauben hatte. Und für die große Geste: Sein Haus war das einzige mit Aufzug, privaten Telefonkabinen und En-suite-Badezimmern mit fließend Warmwasser, weswegen es auch stolz das »Moderne« im Namen trug. Dass es heute wieder so glänzt wie einst, hat mit Joseph Tedesco zu tun. Der Spross einer süditalienischen Reiseunternehmer-Familie übernahm das Hotel 2007 und hübschte die Grande Dame auf, bis ihr (Tafel) Silber wieder blitzte.

Adresse 21 Avenue Bernadette Soubirous, 65100 Lourdes | Anfahrt A 64, Ausfahrt 12 Richtung Tarbes-Sud, links auf N 21, Beschilderung »Lourdes« folgen, innerorts Beschilderung »La Grotte« folgen | Tipp Das Geschäft mit dem Glauben lockt auch Gastronomen aus aller Welt an, nirgends in Frankreichs Südwesten ist die Küche so kosmopolitisch wie in Lourdes. Wer in den Pyrenäen beispielsweise richtig gut tibetisch essen will, muss zu Lung-Ta in die 8 Rue des 4 Frères Soulas.

67 An den Seilen von LuzTyroLine

Der längste Nervenkitzel Frankreichs

Ein gespanntes Kabel führt durch die Schlucht, wenige Meter oberhalb des munter rauschenden Gave de Pau. Über die Jahrhunderte vom Flusslauf ausgehöhlt, blitzt das Wasser im engen Schluchtenbett in allen Nuancen von Blau, Grün und Türkis. Durch diese Naturkulisse führen insgesamt 16 Seilrutschen, die längste 260 Stahlkabelmeter lang, außerdem vier Hängebrücken und 475 in den Felsen gebohrte Klettersteigbügel zu einem zwei Kilometer langen Abenteuer-Parcours. Und trotz der durchgehenden Seilsicherung spürt man es nonstop, das *adrénaline*. Die Regionalzeitung La Dépêche du Midi fragte sich sogar, ob LuzTyroLine vielleicht *le plus long frisson de France* – der längste Nervenkitzel Frankreichs – sein könnte.

Zweieinhalb Stunden immerhin dauert er nämlich an, der *frisson*. So lange muss man sich von Brett zu Brett der Hängebrücken hangeln, durch deren Lücken man im Wasser die Forellen springen sieht. So lange drückt man den Körper gegen die Felsen der Via Ferrata, des Klettersteigs. Und regelt mit den trotz Schutzhandschuhen bald schmerzenden Fingern den eigenen Schwung auf der Zipline: eine Hand bleibt auf der Spule, die andere direkt dahinter, durchs flache Drücken aufs Seil wird gebremst. Da es 16 *tyroliennes* sind, die man entlangsaust, beginnen irgendwann sogar Angsthasen, den Kitzel zu genießen. Und wenn dann der Blick auf den mächtigen Steinbogen der Pont Napoléon fällt, die das Ende des Parcours markiert, durchströmt statt Adrenalin Enttäuschung den Körper. Auf der Brücke lässt sich bei Bedarf die Herzfrequenz nochmals steigern, mit einem *saut elastique*, einem Bungee-Sprung. »Wir haben recherchiert, aber in Frankreich keinen längeren Seilrutschen-Parcours gefunden«, sagt Gründer Laurent Cazaux. Glückshormone und Gänsehaut. Ja, das hier muss er sein, *le plus long frisson de France*!

Adresse 6 rue de Barèges, 65120 Luz-Saint-Sauveur | **Anfahrt** D 921, innerorts D 918 bis Ziel | **Öffnungszeiten** 15. Juni – 15. Sept. täglich 9 – 18 Uhr, ansonsten nach Vereinbarung unter Tel. 0562/421688 | **Tipp** Paul Dixon traut sich was, er hat als Engländer ein Restaurant in Luz eröffnet, das »La Tasca«. Dort gibt es dank seiner Familienbrauerei nun auch Craft Beer aus dem Pays Toy, ist doch, so zitiert er Frank Zappa, ein Land erst dann ein Land, sobald es eigenes Bier vorzuweisen hat.

68 Der Géant du Tourmalet

Ein Gigant im Gebirge

Ein Hauch von Mythos weht hier oben, 2.115 Meter über dem Meeresspiegel. Wer gut hinhört, dem trägt der Wind das angestrengte Hecheln zuallerletzt mobilisierter Kräfte ins Ohr. Ausgestoßen von Tausendschaften von Radlern – Profis und Amateuren –, die sich der zehnprozentigen Steigung der letzten Kilometer auslieferten, den Haarnadelkurven, dem Schwindel. Wenn ein Gebirgspass für Blut, Schweiß und Tränen steht, dann wohl dieser höchste asphaltierte Straßenpass der französischen Pyrenäen, der Col du Tourmalet.

1910, als die Tour de France zum ersten Mal die Pyrenäen querte, wurde dieser Col als erster Hochgebirgspass überhaupt in den Parcours des Radrennens aufgenommen. Damals nur ein Pfad, ist die Straße inzwischen gut ausgebaut, wilde Bären gibt es auch keine mehr, dafür weiden im Sommer Lamas auf den Wiesen. Doch bei dieser 8. Tour de France führte Octave Lapize, der spätere Gesamtsieger, den Wettkampftrupp über den Pass an. Seine wütenden Worte an die Organisatoren »Ihr seid alle Mörder« raunt man sich noch heute ehrfürchtig zu, bei einem Pass-Päuschen unter seiner Statue »Géant du Tourmalet«. Dieser »Riese des Tourmalet« aus der Hand des französischen Bildhauers Jean-Bernard Métais verbringt seit 1999 die Sommermonate am Gipfel und bekam bald – in Anerkennung an die Leistung von Lapize – den Beinamen »Octave le Géant« verpasst.

Dass eine Skulptur wie diese überlebensgroß angefertigt wird, scheint der übermenschlichen Anstrengung der Tour-Teilnehmer nur angemessen: Drei Meter hoch ist der eiserne Radler, 2,40 Meter lang und rund 350 Kilogramm schwer. Damit sich in den Wintermonaten keiner am Metallkoloss verletzt, der dann nämlich mittendrin in einem Skigebiet stehen würde, wird die Skulptur jedes Jahr im Oktober wieder abgebaut und ins Tal gebracht. Dort wartet sie geduldig. Denn der nächste Frühling kommt bestimmt.

Adresse und Anfahrt Route Départementale 918, 65200 Col du Tourmalet | **Tipp** Am ersten Junisamstag findet alljährlich »La Montée du Géant«, der Aufstieg des Riesen, statt. Die Skulptur wird in einem offenen Lastwagen, begleitet von *Bandas*-Musik und einem begeisterten Radfahrerpulk, auf den Col du Tourmalet gefahren und wieder an ihrem Sommersitz montiert.

69_Zimmer 1, Hôtel Les Templiers

Großmütter und Tempelritter

Als Sian Grigg 2003 in das hübsche Bergdorf Luz kam, aus dem ihr Mann Laurent Grandsimon stammte, war es schnell um sie geschehen: Die beiden kauften ein weinumranktes Steinhaus mit taubengrauen Fensterläden, um ein Hotel zu eröffnen. Danach erst hätten sie erfahren, so erzählt die gebürtige Australierin heute, dass in dem Raum mit der Zimmernummer 1 85 Jahre zuvor die Großmutter Grandsimons zur Welt gekommen war. Die gelebte Familiengeschichte strömt aus jeder Ritze des charmanten Drei-Sterne-Hauses, in dem man sich fühlt, als sei man selbst auf Besuch bei den Großeltern. So gemütlich, so behütet, so aus der Zeit gefallen ist es hier. Dazu trägt die Stille der Räume bei, in denen es keine Fernseher gibt, aber dafür Spitzenstoffe, Thonet-Stühlchen, knarzende Kleiderschränke (und ja doch: ganz neue Badezimmer auch). Im Sommer 2018 eröffnete die Hotelière mit Doktortitel in Klimawissenschaft im Erdgeschoss zusätzlich eine Organic Bar, in der ausschließlich biologisch Angebautes und Gebrautes angeboten wird, selbst die Cola ist Bio.

Der Blick aus Zimmer Nummer 1 fällt quer über die Place de la Comporte auf die Kirchenburg Eglise des Templiers, die trotz ihres Namens gar nichts mit Tempelrittern zu tun hat. Johanniter hatten den Sakralbau im 14. Jahrhundert mit Trutzbauelementen erweitert, um den Einwohnern von Luz bei spanischen Überfällen einen Rückzugsort anzubieten. Ein Refugium, das ist auch das Hôtel Les Templiers. Um den nostalgischen Esprit des Hauses zu bewahren, erzählt die Hotelbesitzerin, müsse sie kontinuierlich den Vorschlägen designaffiner Besucher widerstehen. Aber schließlich, so erinnert Grigg an ihre australische Heimat, komme sie ursprünglich von einer Schaffarm zwischen Sydney und Brisbane. Wie wichtig hin und wieder Sturheit ist, hat sie gut verinnerlicht.

Adresse 6 Place de la Comporte, 65120 Luz-Saint-Sauveur | **Anfahrt** D 921, innerorts links auf Rue d'Ossun, links über Place du Marché bis Zielplatz | **Tipp** Das Restaurant »Le Basquetoy« in der Rue d'Ossun von Küchenchef Thomas Haurine und seiner Frau Diana Zubillaga war bis vor Kurzem noch im Frühstückssaal des Hotels Les Templiers untergebracht, wo heute das Café samt Organic Bar zu finden ist. Inzwischen haben Haurine und Zubillaga ihr eigenes Restaurant in Luz eröffnet und betreiben dort weiterhin ihr raffiniert-kulinarisches Spiel mit Traditionen unter gewandtem Einsatz von Bunsenbrenner und vielen, vielen essbaren Blüten.

70_Im Talksteinbruch von Trimouns

Welthauptstadt des Magnesiumsilikathydrats

Es ist der größte Talksteinbruch der Welt, auf den man hier blickt. Und wirklich alles an ihm ist gigantisch: Jährlich werden rund 450.000 Tonnen Talk in Luzenac abgebaut, auf insgesamt 800 Hektar Tagebaugelände mit ständig fortschreitender Terrassierung – fallen doch beim Abbau einer Tonne dieses weichsten Minerals unseres Planeten insgesamt zehn Tonnen taubes, also nicht benötigtes, Gestein an. Ein Zehntel der gesamten Talk-Weltproduktion wird in Luzenac produziert.

Das hier abgebaute Magnesiumsilikathydrat dient als Rohstoff etwa für die Papier-, Gummi-, Kunststoff-, Farb- oder Keramikindustrie. Verlässt ein Fahrzeug die auf 1.800 Metern gelegene Anlage, muss es zuvor durch die Waschanlage am Fabrikausgang, damit das sich seifig anfühlende Material nicht auf die Straße gerät und sämtliche Verkehrsteilnehmer auf dem kurvenreichen Bergsträßchen ins Rutschen brächte. Der Talk wird auch nicht hinuntergefahren, sondern in den Loren einer fünf Kilometer langen Seilbahn in die über 1.000 Meter tiefer liegende Fabrik im Dorf gekarrt.

Dass der französische Bergbaukonzern Imerys der weltweit größte Förderer von Talk bleibt, dafür sorgen von April bis November 230 Festangestellte und 70 Saisonarbeiter in Schichtarbeit, häufig assistiert von elf Meter langen, fünf Meter breiten und sechs Meter hohen Lkw mit 1.050 PS, die 60 Liter Treibstoff pro Stunde schlucken. Der Blick vom Industriegelände reicht an schönen Tagen bis zum Pic du Montcalm, die Täler der Haute-Ariège liegen ruhig und grün unter den Abbauterrassen, stämmige Mérens-Pferde – wie sie schon auf den Höhlenbildern von Niaux zu sehen sind – preschen über die Wiesen. Vielleicht entspricht das alles nicht gerade dem gängigsten Bild einer Metropole. Dennoch: Willkommen in der Welthauptstadt des Talks.

Adresse Trimouns, 09250 Luzenac | **Anfahrt** N 20, links auf D 102, links auf D 55, über Planesos zum Ziel | **Öffnungszeiten** Mitte Mai – Mitte Okt. Mo – Fr (außer feiertags), bei schlechter Witterung fällt die Führung (in einem Bus) aus, lieber vorab unter Tel. 0561/646805 nachfragen | **Tipp** Im nahen Städtchen Ax-les-Thermes werden in der kleinen Café-Bar »Le Vieux Four« Cocktails aus frisch gepressten Früchten in Kokosnussschalen serviert.

71__Als letztes Dorf ans Stromnetz

Licht an? Licht aus!

Was so alles in einen Wanderrucksack gehört, wird bei Ausflügen nach Mantet ganz neu definiert: Auf jeden Fall müssen Tischtennisschläger und -ball eingepackt werden, denn so schön wie auf dem kleinen Dorfplatz wird man in den Pyrenäen selten zu einer Partie kommen. Und da sein Equipment zu oft nicht mehr den Weg zurück ins Rathaus gefunden hat, verleiht der Bürgermeister Jean-Luc Blaise inzwischen keines mehr. Dann braucht man außerdem einen Flaschenöffner, um das hier auf 1.550 Metern mit örtlichem Quellwasser gebraute Craft Bier zu testen, das »Senglar«. Und genau genommen sollte man auch ein Teleskop dabeihaben. Denn Mantet gehört seit ein paar Jahren zu den *Villes et villages étoilées*, den national ausgewiesenen »Sternenorten« also, die sich dem Kampf gegen Lichtverschmutzung verschreiben.

Ganz am Ende der D 6 liegt der 30-Seelen-Ort, der erst 1969 von einer befahrbaren Straße erschlossen wurde. Bis dahin wussten nur Ziegen und Maultiere den schmalen Pfad entlang schrecklicher Abgründe zu nehmen. Das »letzte Dorf Frankreichs« wurde und wird Mantet gern genannt. Dahinter liegt Spanien. In den 1950er Jahren waren sämtliche Häuser verlassen und zu kaputt, um bewohnt zu werden. Inzwischen ist alles wieder aufgebaut, immer mit Steinmauern und schwarzem Dach, so die gemeindliche Auflage. Erst 1983 wurde Mantet ans staatliche Elektrizitätsnetz angeschlossen, als allerletztes Dorf ganz Frankreichs, so erzählt man hier. Dafür ist die Straßenbeleuchtung ganz schön *bourgeois* geraten. Die entlang der Hauptstraße aufgestellten Laternen würden jeder Pariser Prachtallee zur Ehre gereichen. Hilft ihnen aber nichts. Sie werden trotzdem jeden Abend wieder abgestellt, im Winter um 23 Uhr, im Sommer um Mitternacht. Wegen der Sterne. Aber bis dahin kann man Pingpong spielen. Wenn man denn alles Nötige dabeihat.

Adresse 66360 Mantet | **Anfahrt** über die D06 | **Tipp** Mantet ist an einem August-Wochenende Austragungsort des Festivals OFF d'Astronomie von Tautavel, das rund 80 Kilometer nördlich liegt und bereits über ein Jahrzehnt ein Festival für Sternengucker veranstaltet.

72__Der Schuhladen Prodiso

In der Hauptstadt der Espadrille

Sommer, das bedeutet für Füße von hier nicht Flipflops, sondern Espadrilles. Als Hauptstadt der französischen Schlupfschuh-Produktion bezeichnet sich die 3.000-Einwohner-Gemeinde Mauléon. Kein Wunder: Zu Beginn des 20. Jahrhunderts waren hier 1.600 Arbeiter beschäftigt. Und auch wenn heute nur noch rund 100 Mitarbeiter bei den fünf lokalen Firmen tätig sind, so produzieren die Mauléonnais dennoch 80 Prozent aller Espadrilles aus dem Hexagon. Eine der hiesigen Herstellerinnen ist Sandrine Lasserre, die mit zwölf Angestellten im Atelier Prodiso handgenähte Espadrilles nach den alten Handwerksmethoden herstellt, aus den Naturmaterialien Leder, Hanf und Leinen, alles biologisch abbaubar. In ihrem kleinen Schuhladen stapeln sich die Paare in vielen Farben bis unter die Decke, mal glitzernd, mal matt, mal zum Binden, mal klassisch – in den Größen 23 bis 47.

In Mauléon wird den Espadrilles sogar ein eigenes Fest ausgerichtet. Am 15. August dreht sich alles um den Stoffschuh mit der Sohle aus geknüpften Pflanzenfasern – und um baskische Traditionen überhaupt. Unter anderem spaziert man bei den Feierlichkeiten gemeinsam einen fünf Kilometer langen Weg entlang, natürlich in Espadrilles. In jüngster Zeit haben andere Orte ebenfalls Veranstaltungen rund um die Espadrille ersonnen. Die Bewohner des rund 30 Kilometer entfernten Salies-de-Béarn erdreisteten sich gar, als neuen Wettbewerb den »Espadrilles-Weitwurf« auszurufen. Für Leute aus Mauléon ein Skandal. Das zeuge nicht gerade von Respekt fürs Handwerk, empört sich auch Sandrine Lasserre ein wenig: »Vielleicht sollten wir auch ein neues Fest erfinden und dabei mit Salz werfen«, verweist sie augenzwinkernd auf die lange Geschichte der Salzgewinnung in Salies-de-Béarn. Jede Woche hat ihren Freitag, so lautet ein baskisches Sprichwort: *Aste bakoitzak baie ostirala*. Um das Feiern muss man sich im Baskenland bestimmt nicht sorgen.

Adresse 3 Rue du Jeu de Paume, 64130 Mauléon-Licharre | **Anfahrt** D 11, D 611, links auf Cité Saint-Jean, rechts auf D 11 zum Ziel | **Öffnungszeiten** April–Okt. 9.30–12.30 und 14.30–19 Uhr, Mitte Mai–Mitte Sept. Mo–Sa, Mitte Sept.–Mitte Mai Di–Sa | **Tipp** Der Schuhladen teilt sich die Markise mit dem »Café de l'Europe« am Marktplatz – warum also weitersuchen. Sandrine Lasserre etwa nimmt hier mittags immer die *assiette combinée* mit den hausgemachten Pommes.

73 Das Weingut Domaine Sergent

Der Madiran und seine Frauen

Der Madiran ist ein robuster Wein, von tiefdunkler Farbe und tanninhaltig, man bezeichnet ihn sogar gern als viril. Doch in den letzten Jahren machten sich immer mehr Winzerinnen daran, sein Image zu feminisieren. Zum Domaine Sergent der Schwestern Brigitte und Corinne Dousseau etwa gehören mittlerweile rund 20 Hektar Rebstöcke. Einen besonderen Namen hat sich das Damenduo mit der »Cuvée Eucalyptu«s erarbeitet: Den einstigen Eukalyptushain, so erklärt Brigitte Dousseau, bepflanzten die beiden Schwestern zwar mit neuen Rebstöcken, doch das Wurzelwerk des Eukalyptus in der Erde mische dem Wein noch immer eine feine, ganz spezielle Note bei.

Im Anbaugebiet des Madiran sieht man immer eine Bergkette im Hintergrund. Die Pyrenäen, natürlich, die rund 60 Kilometer südlich liegen und oft für Föhn sorgen. Hier wird vor allem mit Tannat bestockt, einiges deutet darauf hin, dass diese Rotweinsorte sogar ursprünglich aus den Pyrenäen stammen könnte. Ein echter Madiranwein besteht zu mindestens 50 Prozent daraus, es gibt sogar Cuvées mit 100 Prozent Tannattraube. An Tannatweinen wird gern das »Französische Paradox« festgemacht, das besagt, dass besonders Südwestfranzosen im gesamteuropäischen Vergleich mit höherer Lebenserwartung und selteneren Herz-Kreislauf-Erkrankungen abschneiden, trotz ihrer fett- und alkoholreichen Ernährung. Manche Untersuchungen verweisen direkt auf den Madiran, der als Wein mit den meisten Polyphenolen und somit als natürliches Antioxidans par excellence gilt. Doch Moment! Übertriebener Rotweinkonsum wird natürlich auch vom wohlwollendsten Wissenschaftler nicht empfohlen. Wiewohl: Bei der Eucalyptus-Cuvée kommen doch die schmerzstillenden, anti-katarrhalischen und entzündungshemmenden Eigenschaften des Eukalyptus hinzu. Na dann: *À votre santé!*

Adresse und Anfahrt Route Départementale 136, 32400 Maumusson-Laguian | **Öffnungszeiten** Mo–Fr 9–18 Uhr, am Wochenende nach telefonischer Voranmeldung unter Tel. 0562/697493 | **Tipp** Es war zwar Pionier-Winzer Alain Brumont, dessen Château Montus die Gegend überhaupt erst bekannt machte, aber unkonventioneller gehen doch die Weinbäuerinnen an den Madiran heran: So bitten die Schwestern Lucie und Michèle Charrier auf ihrem Domaine du Moulié (32400 Cannet) zur Pause Glou-glou: Dabei liegt man auf Liegestühlen im Dunkel ihres *chai*, des Weinlagers, und lauscht dem meditativen Glucksen der Fermentation in den Tanks.

74 Im Dachstuhl von Saint-Girons

Ein eichenhölzernes Geheimnis

Wie ungewöhnlich: Im 15. Jahrhundert wollten die Bürger von Monein mehr Steuern abführen. Freiwillig! Damals zählte das Städtchen fast 1.000 Einwohner und war somit die größte Gemeinde im Béarn. Und eine der reichsten, prosperierte doch schon seinerzeit der Weinbau. Die romanische Kirche platzte aus allen Nähten und sollte einem Neubau weichen, der dem religiösen Eifer der Anwohner entsprechen und von ihrem Reichtum künden sollte. Auch heute, 500 Jahre später, ist die Église Saint-Girons die größte spätgotische Kirche im Béarn. Und ihre 1,25 Meter dicken Wände hüten noch immer eine Besonderheit, die sich mit keinem anderen Sakralbau in Frankreich vergleichen lässt.

Es ist der Dachstuhl, den man über die 72 Stufen der Wendeltreppe im Glockenturm erreicht. Gebaut aus langen Balken, dem Kernholz von 1.000 Eichen, besteht er aus zwei nebeneinanderliegenden Holzgewölben, die umgedrehten Schiffsrümpfen gleichen. 20 Meter breit, 60 Meter lang und 18 Meter hoch – die Dachkonstruktion ist damit höher als die Kirche, die selbst nur 13 Meter misst. Es riecht nach altem Holz. Möglicherweise haben *Cagots* das imposante Balkengerüst errichtet. Diese vom gesellschaftlichen Leben ausgeschlossene und diskriminierte Bevölkerungsgruppe lebte viele Jahrhunderte im französischen Südwesten. Über ihren Ursprung weiß man bis heute nichts Genaues, überhaupt ist ihre Geschichte noch nicht aufgearbeitet. Viele Berufe waren ihnen verwehrt, doch Zimmermänner durften sie werden. »Man lernt mehr in den Wäldern als in Büchern«, wird der heilige Bernhard von Clairvaux auf einer Tafel im Vorraum des Dachstuhls zitiert. Und weiter: »Die Bäume und die Steine werden Euch Dinge beibringen, die Ihr sonst nirgends zu hören bekommt.« Es scheint, als habe auch dieser abstrakte Wald noch einiges zu sagen.

Adresse 2 Rue Saint-Girons, 64360 Monein | **Anfahrt** D 2, dann auf Avenue de la Résistance (D 9), halb links auf D 366, rechts in die Zielstraße | **Öffnungszeiten** ganzjährig geöffnet, Führungen mehrmals wöchentlich, nicht an Sonn- und Feiertagen | **Tipp** Monein ist das Zentrum des Jurançon. Im Weinbaugebiet in den Pyrenäenausläufern entstehen aus den Rebsorten Gros Manseng und Petit Manseng sowohl trockene als auch süße Weißweine, in deren Geheimnisse die Winzerin Marie Josée Nousty gern einführt, theoretisch und vor allem auch praktisch bei ihrem *table d'hôte*.

75 Der erste Sonnenofen der Welt

Ohne Sonne kein Braten

Der Ingenieur Denis Eudeline brät gerade ein *poulet solaire*. Bei der Zubereitung eines Sonnenofenhuhns, so erklärt der Wissenschaftler, dürfe man die gebündelten Sonnenstrahlen nicht mittig zentrieren, sondern ein wenig versetzt zum Brennpunkt, damit die Temperatur 300 Grad Celsius nicht übersteigt. Außerdem müsse die Sonne bei dieser Art der Hühnchenzubereitung durchgehend scheinen: ohne Sonne kein Braten.

Das mit der Sonne ist in Mont-Louis kein Problem, die scheint an über 3.000 Stunden jährlich aufs Garnisonsstädtchen. Daher begann der Ingenieur Félix Trombe genau hier mit seinem Projekt eines Sonnenofens. An dessen erstem Prototyp von 1949 experimentiert Eudeline noch heute vor Publikum – wenn er gerade nicht an einem Miniaturmodell davon steht und ein Hühnchen brät. So ein Vogelbraten wäre beim großen Bruder allerdings nicht angeraten: 3.000 Grad Hitze lassen Schieferplatten im Handumdrehen zu flüssiger Lava schmelzen. Selbst fingerdicken Stahl durchlöchern die gebündelten Sonnenstrahlen in Sekunden. Dank Trombes erstem Solarschmelzofen der Welt wurde Mont-Louis, von Festungsbaumeister Vauban Ende des 17. Jahrhunderts für Ludwig XIV. erbaut, von der »Stadt des Sonnenkönigs« zur »Stadt von König Sonne«.

Seit 1993 ist Denis Eudeline an diesem Industriedenkmal ein unermüdlicher Marketender der Sonnenmagie: Keine Umweltverschmutzung! Unerschöpflich! Kostenlos! Spricht der Franzose vom *four solaire*, wimmelt es nur von Ausrufezeichen. Der Wunderapparat kann sogar reinen Wasserstoff herstellen, der als Treibstoff der Zukunft gilt. Aber fast noch besser gefällt ihm, dass hier wichtige Teile für eine katalanische Ikone gebrannt wurden: 20 Lokomotivpfeifen des berühmten *Train Jaune* stammen aus seinem Sonnenofen.

Adresse Résidence Vauban, 66210 Mont-Louis | **Anfahrt** über die N 116 | **Öffnungszeiten** täglich, im Sommer 9.30 – 12.30 und 14 – 19 Uhr, Frühling und Herbst 9.30 – 12.30 und 14 – 18 Uhr, Nov. – März geschlossen | **Tipp** Im Museumsladen sind Mini-Solarschmelzöfen zu kaufen, damit klappt das *poulet solaire* auch daheim.

76__Die Festung des Marquis

Besuch bei der französischen Armee

Seit über 300 Jahren geht es in dieser Zitadelle, elf Kilometer nördlich der spanischen Grenze, schon rau zu. Die höchste Festung Frankreichs wurde Ende des 17. Jahrhunderts nach Plänen von Vauban errichtet. Der Baumeister des Sonnenkönigs platzierte sein Bollwerk samt einer befestigten Stadt strategisch günstig auf 1.600 Metern an der Schnittstelle der Hochtäler von Conflent, Capcir und Cerdagne in den katalanischen Pyrenäen, um die neue Grenze zu Spanien zu befestigen. Denn der Pyrenäenvertrag von 1659 hatte den seit 1635 andauernden Französisch-Spanischen Krieg zwar beendet, doch war es ein misstrauischer Friede. Eine Bebauung *ex nihilo* leistete Vauban in Mont-Louis, sprich: Hier stand davor weit und breit nichts. 3.700 Soldaten und Handwerker arbeiteten ab 1679 an der Realisierung, nach nur 20 Monaten sind 35 Hektar bebaut. Nur zwei Tage soll Vauban für den Plan gebraucht haben, der heute als ein Paradebeispiel des Bastionärsystems gilt. Selbst die Kirche hat keinen Turm, um Angreifern nicht unnötig Zielhilfe zu geben. So wusste der Feind rein gar nicht, was hinter den dicken Festungsmauern wohl warten mochte – 2.500 Soldaten wären es gewesen.

Heute befindet sich in der Zitadelle das Centre National d'Entraînement Commando-1er Choc der französischen Militärakademie. Hier werden aber nicht nur Soldaten Manöver beigebracht, auch Leistungssportler trainieren ihre mentale Stärke, und Kriegsreporter können vor Ort lernen, wie man beim Kidnapping die Nerven behält, Minen ausweicht und Waffen einschätzt. Neben Vaubans militärarchitektonischem Know-how sei auch die durchgehende Nutzung ein Grund, warum das Garnisonsstädtchen so gut erhalten ist, nickt die Fremdenführerin und beteuert: Käme Vauban zurück, er würde sich gleich wieder auskennen. Nun ja, wohl abgesehen davon, dass heutzutage eine Eintrittskarte genügt, um hinter seine Mauern zu gelangen.

Adresse 66210 Mont-Louis | Anfahrt über die N 116 | Öffnungszeiten Sept. – Juni 11.30 – 14 Uhr, im Juli und Aug. länger, Weihnachtszeit geschlossen. Ein Besuch der Festung ist nur über das Tourismusbüro von Mont-Louis möglich, ansonsten ist das Militärgelände für Besucher nicht zugänglich. | Tipp Wer einmal in einem Vauban-Bau eine »Murder Party« erleben möchte, kann das beim Rollenspiel in Villefranche-de-Conflent: In der Stadtmauer des Militärarchitekten finden im Oktober, November und Februar zweistündige Schnitzeljagden statt, bei denen man Aufgaben lösen und den Mörder unter den Mitspielern erwischen muss (ab 16 Jahren, Infos unter Tel. 0468/058705).

77_Les Forges de Pyrène

Besuch beim Schmied, Bärenführer und Goldwäscher

Noch Ende des 19. Jahrhunderts gab es Goldschürfer an den Ufern des Ariège. Schon den Namen des Flusses führten Gelehrte der Renaissance auf das lateinische Wort *Aurigera* zurück – »der Gold mit sich führt«. Heutige Historiker belächeln diesen etymologischen Eifer zwar, doch verdeutlicht er die Besessenheit der damaligen Zeit, in den Mineralvorkommen der nahen Berge das Glück zu suchen. So entstanden auch – dank der vielen Eisenminen – die *forges à la catalane*. Eine dieser Hammerschmieden aus dem frühen 15. Jahrhundert ist im Museumspark Forges de Pyrène noch heute in Betrieb, als letzte Frankreichs. Der runde Turm des nahen Château von Foix soll mit Werkzeug, Nägeln und Schlössern aus dieser Schmiede gebaut worden sein.

Heute werden im fünf Hektar großen Museumsdorf vergessene Berufe vorgestellt. Neben dem Schmied erfährt man viel zu Bärenführern – oder zum *orpailleur*, dem Goldschürfer. Den kann man sogar ins Flüsschen Scios, das unter der roten Museumsbrücke hindurchfließt, zum Goldwaschen begleiten. In Gummistiefeln, die bis zum Hosenboden reichen. Hier sucht Museumsmitarbeiter David Bruno an jedem Sommertag nach Gold. Viel mehr als seine Goldwaschpfanne und Geduld brauche er dafür nicht, nickt der Franzose. In der konisch zulaufenden Pfanne sammelt er etwas Bodenschlick, rüttelt und schwenkt ihn und lässt die Blechpfanne kreisen. Das über den Rand abfließende Wasser nimmt Sand und Schotter mit zurück in den Fluss, während der schwerere, goldtragende Sand in der Vertiefung der Schale bleibt. Bald werden kleine Goldkörner sichtbar, die Bruno mit der Fingerkuppe auftupft und seine *paillettes d'or* in einem mit Wasser gefüllten Röhrchen sammelt. Bis nach Südafrika und Australien reiste der passionierte Goldsucher schon fürs Schürfen. Aber an sein erstes echtes Nugget werde er sich immer erinnern, lächelt er. Das habe er mit 18 gefunden. In einem Fluss der Ariège.

Adresse Avenue de Paris, 09330 Montgailhard | **Anfahrt** über die D 117 | **Öffnungszeiten** täglich April–Nov. 10–18 Uhr, im Sommer länger | **Tipp** Der Historiker Philippe Fernandez weiß als Schmied der Forges de Pyrène nicht nur den Schwanzhammer zu bedienen, er spielt auch Geige in der okzitanischen Musikgruppe »Bouilleur de Sons«, die auf den *bals trad* auftreten, traditionellen Bällen, die seit einigen Jahren ein großes Revival erfahren. Konzerttermine findet man auf www.bouilleurdesons.fr.

78 Die Katharerburg Montségur

Die Ruine der Reinen

Fast ein Jahr lang wurde die Gipfelburg von Soldaten des französischen Königs und Kreuzrittern belagert. Doch den Katharern fehlte es dank ihrer Zisterne nicht an Wasser, und sie kannten Schleichwege, um sich Nahrung zu besorgen. Sieben Monate lang überstand diese als Häretiker verfolgte christliche Gruppierung, deren Name vom griechischen Wort für »rein« abstammte, die Belagerung unbehelligt. Doch um Weihnachten 1243 herum attackierten die Angreifer von der gegenüberliegenden Felsspitze und bombardierten mit ihren Katapulten die Burg. Noch immer sind einige der 96 Kilo schweren Blidenkugeln im steilen Gelände unterhalb der Burgmauer verstreut. Im Dorfmuseum sind zwei Skelette aufgebahrt, die man bei Ausgrabungen in einer Bergspalte fand. Pfeilspitzen auf Hüfthöhe lassen vermuten, dass die beiden während der Belagerung starben und dort bestattet wurden.

Wer die Ruine der bekanntesten aller Katharerburgen heute sieht, könnte denken, sie sei so auseinandergenommen worden, weil man Preziosen in ihr vermutete: den Schatz der Katharer nämlich oder sogar gleich den Heiligen Gral, nach dem hier etwa die Nationalsozialisten suchten. Dabei steht auf dem kuppelförmigen Kalkfelsen noch nicht einmal mehr die Gipfelburg, in der die Katharer belagert, besiegt und auf den Scheiterhaufen geführt wurden, sondern der Bau, den die katholische Kirche rund vier Jahrzehnte später hier aufbauen ließ, um daraus wieder einen Hort ihres Glaubens zu machen. Galt Monteségur doch damals als einziger Ort Europas, in dem es über einen Zeitraum von 40 Jahren weder eine katholische Kapelle noch einen katholischen Priester gab. Die Ironie der Geschichte ist, dass trotz all dieser kirchlichen Mühe die Burg bis heute als Katharerburg bekannt ist. Und noch im 21. Jahrhundert quälen sich die Touristen ausschließlich der Katharer wegen den steilen Weg hinauf.

Adresse 09300 Montségur | Anfahrt über die D 9 | Öffnungszeiten täglich 1. Feb. – 31. Dez. (außer 25.12.), bei sehr schlechtem Wetter geschlossen | Tipp Im Dorf Montségur geht es linker Hand des Restaurants »A la patate qui fume« unterm Haus durch in eine kleine Schrebergartengasse, zum Chemin des Purs, dem Weg der Reinen. Irgendwann steht man im Unkraut, weil die Gärten weiter hinten nicht mehr bestellt werden, aber der Romantik des Orts tut das keinen Abbruch.

79_Im Marmorsteinbruch von Aubert

Grand Antique? C'est chic!

Ein Luxusmaterial, nur echten Prestigebauten vorbehalten. Auf kaum einen Marmor trifft diese Definition so gut zu wie auf den Grand Antique d'Aubert. Man findet ihn in der Hagia Sophia in Istanbul, im Petersdom in Rom, in der Markusbasilika Venedigs. Der starke Kontrast des tiefschwarzen, von weißen Äderungen durchzogenen Carbonatgesteins faszinierte bereits die Römer, die sich bis ins 5. Jahrhundert hinein an diesem Steinbruch bedienten. Zwischenzeitlich geriet der Grand Antique immer wieder mal in Vergessenheit. Zuletzt nach der Schließung des Steinbruchs 1948. *Le trou de l'Oubli*, das Loch des Vergessens, wurde die verlassene *Carrière* in den Jahren vor ihrer Wiedernutzbarmachung genannt. Voll schwarzen Wassers sei sie gewesen, ein richtig unheimlicher Ort, erinnert man sich im Dorf. Heute ist das Wasser abgelassen, der Marmorbruch nicht mehr verschlossen, und an den frisch geschnittenen Stellen kontrastiert sein Schwarz-Weiß ganz besonders auffallend. Doch zu dieser Wiederbelebung kam es nur, weil sich Giorgio Rivieri 2012 ein Buch über Marmorvorkommen gekauft hatte.

Rivieri erinnert sich genau an den Moment, als er – der Italiener aus Carrara! – dem pyrenäischen Marmor verfiel. In dem Katalog sei eben auch der Grand Antique verzeichnet gewesen. Und er sei sofort hingefahren, um diese verschüttete Preziose vor Ort aufzuspüren. Inzwischen verbringt der Marmorexperte 20 Tage des Monats hier, zehn Tage in Italien. Es ist keine grobe Arbeit, betont der Toskaner. Vor allem beim Grand Antique müsse man mit délicatesse vorgehen. Daran hält sich auch die italienische Designfirma Morà Busoli, die Brillenunikate aus dem Grand Antique herstellt, sie mit Halbedelsteinen verziert und auf Wunsch den Namen des Kunden eingraviert – ab 2.500 Euro pro Brille. *Et bien*, die Jahrtausende mögen vergehen, der Grand Antique bleibt ein Luxusmaterial.

Adresse 09200 Moulis | **Anfahrt** Bei der alten Mühle Le Moulin d'Aubert am Fluss Lez parken, flussaufwärts zur alten Brücke laufen, queren, danach links bergauf | **Tipp** Journées du marbre – die jährlichen Marmortage. Bei dem zweiwöchigen Sommer-Festival arbeiten Bildhauer vor Ort, und im Steinbruch finden Abendkonzerte statt.

80 Das grüne Labyrinth

Im Wald der Feen und Zauberinnen

Der Pfad in den verwunschenen Zauberwald führt an trutzigen Windmühlen und einem alten Fort vorbei, das deutsche Soldaten im Zweiten Weltkrieg nutzten, um den Himmel nach feindlichen Flugzeugen der Alliierten abzusuchen. Der weite Blick aufs Vorgebirge der Pyrénées Audoises wird aber gekappt, sobald man in den Halbschatten der massigen Eichen und Tannen tritt: Jetzt gilt es, gewisperten Legenden und bizarren Baumformationen zu folgen und ganz ins *Labyrinthe vert* vorzudringen, ins grüne Labyrinth. Bis zu den Feen, die es dort gibt, raunt Stéphanie Buttegeg. Die Französin führt gern durch die wilden Irrwege und erzählt Geschichten, die sich um den eigentümlichen Parcours ranken wie weitere Schlingpflanzen.

Etwa von der Gemeinschaft der Zauberinnen, denen man am verwunschenen Clos des Encantados nachspürt. Diese älteren Frauen, sterblich (im Unterschied zu den Feen), liebten Jünglinge, die sie in ihre Höhlen sperrten. Und sie liebten Musik. Daher befindet sich auch die Sapin Harpe, eine Tanne in Form einer Harfe, in ihrem Teil des Waldes. Diesen Baum ließ vor mehreren Jahrzehnten wohl eine zu große Schneelast niederbrechen; ein Teil der Wurzeln blieb jedoch in der Erde und versorgte weiterhin den Stamm. Äste, die sich ins Licht strecken, formen heute dicke Saiten, die tatsächlich nur auf zupfende Zauberinnenhände zu warten scheinen. Genau das sei besonders an dieser Zauberwaldroute, stellt Buttegeg klar: Zwar habe die Gemeinde das Labyrinth vor rund 15 Jahren als solches gekennzeichnet und befestigt, aber: gefertigt hat es allein die Natur. Dadurch gibt es auch mehr als einen Weg, dem man knapp 2,5 Stunden folgen kann, kreuz und quer durch den knapp zwei Hektar großen Irrwald – und zudem unzählige Arten, sich zu verlieren. Vermutlich ist es also immer besser, Stéphanie Buttegeg dabeizuhaben. Vor allem natürlich als Jüngling.

Adresse 11500 Nébias | **Anfahrt** von der Hauptstraße in Nébias geht rechts der Weg zur Windmühle (Moulin à Vent) ab, von dort aus den Schildern folgen: »Sentier Nature« und »Raccourci vers le labyrinthe«; Wegmarkierung: zwei grüne Balken für den Außenbereich des Labyrinths, ein einzelner grüner Balken für die inneren Gänge, sobald sich ein Ausgang nähert, werden aus den Balken grüne Pfeile; mit einer Führung verläuft man sich nicht und verpasst auch keine Legende | **Tipp** Wer noch mehr Thrill braucht: Stéphanie Buttegeg bietet *Escape Games* (auch in englischer Sprache) fürs Labyrinthe Vert an, bei denen man neben dem Ausgang auch versteckte Objekte und Hinweise finden muss, Info auf www.legendes-doc.com.

81 Die Höhle von Niaux

Magisches Magdalénien

Wenn alle elektrischen Grubenlampen aus sind, Dunkelheit die Touristengruppe umfasst und nur die eine funzlige Lichtquelle in der Hand des Höhlenführers direkt unterhalb der Bisonzeichnung die Felswand beleuchtet, dann ist die Magie perfekt. Für diesen Moment ist man knapp 800 Meter durchs weitläufige, holprige Höhlensystem getappt, vorsichtig um die Pfützen des einstigen Flussbetts herum, um in der natürlichen, etwa 45 Meter hohen Rotunde des *Salon Noir* zu stehen, dessen Akustik vermutlich schon die Steinzeitmenschen beeindruckte, löst doch das kleinste Murmeln ein markantes Echo aus. Im Schwarzen Saal der Höhle von Niaux heben sich die Konturen 14.000 Jahre alter Tierzeichnungen vom hellen Kalkstein. Der Höhlenführer lässt sein Licht ein bisschen mehr zittern, gerade so als sei es eine jungpaläolithische Fettlampe. Pferd, Wisent, Steinbock treten plötzlich plastisch hervor, verdeutlichen die Meisterschaft ihrer Urheber, die selbst Sprunggelenke, Nüstern und Bisonbuckel in anatomisch kenntnisreicher Detailfreude an die Felswand bannten. Die drei Säugetiere sind in Niaux am häufigsten vertreten und gelten als das Trio der pyrenäischen Parietalkunst im Magdalénien, ganz am Ende der letzten Eiszeit, als sie gemeinsam mit den Höhlenkünstlern diesen Landstrich bewohnten.

Graffiti seit 1602 beweisen, dass die Höhle nie aus dem lokalen Bewusstsein verschwand, doch wurde ihre wahre Bedeutung erst 1906 erkannt. Später bekundete der französische Archäologe André Leroi-Gourhan sogar, Niaux sei die einzige Höhle, die in zeichnerischer Raffinesse und Erhaltungsgrad mit Lascaux rivalisieren könne. Da sowohl Lascaux als auch die nordspanische Höhle von Altamira aus konservatorischen Gründen nurmehr Rundgänge durch originalgetreue Kopien anbieten, ist Niaux die letzte öffentlich zugängliche Stätte derart herausragender frankokantabrischer Kunst. Ach, magisches Magdalénien!

Adresse 09400 Niaux | **Anfahrt** über die D 8 | **Öffnungszeiten** Ganzjährig geöffnet, ausschließlich geführte Gruppen. Unbedingt vorab online reservieren unter www.sites-touristiques-ariege.oxygeno.fr; um das Höhlenklima nicht zu gefährden, ist die Besucherzahl reglementiert. | **Tipp** Im Parc de la Préhistoire (Tarascon-sur-Ariège) sieht man Kopien der fragilen Fußabdrücke und Felsgravuren, denen man sich in der Höhle von Niaux nicht nähern darf. Außerdem werden Aktivitäten wie die prähistorische Jagd auf (gemalte!) Wildschweine angeboten oder ein Künstleratelier in einer Grotte, in der man – im trüben Licht von Fettlampen – mit rotem und gelbem Ocker und Mangandioxid malt.

82__Die Auberge Les Spijeoles

Kutteln und Nieren

»Les Spijeoles« nennt sich der rustikale Gasthof, den Jean-Pierre Oustalet in dritter Generation führt. Und natürlich sieht man von seiner Terrasse auf den namensgebenden Dreitausender Pic des Spijeoles im Süden, wo der Pyrenäenkamm die Grenze zu Spanien markiert. Sein Dorfgasthaus sieht genauso aus, wie man sich eine französische Auberge vorstellt: Ein graues Steinhaus mit einer rot-weiß gestreiften Markise, darunter die Terrasse zur Straße hin mit bordeauxroten Plastikstühlen und Topfgeranien. Autos kommen im Oktober nicht viele vorbei, dafür ein paar unvorsichtige Küken. Und zwei Stammgäste, fürs erste Bierchen des Tages. Es ist ein fauler, heißer Spätherbsttag. Eigentlich viel zu heiß für ein Wintergericht, aber *Pétéram* und *Pistache* sind nun einmal die Spezialitäten von Oustalet.

»*Je vais péter*«, stöhnt der Wirt und klopft mit flacher Hand auf seinen Bauch: Ich esse, bis ich platze, so sehr stopfe ich mich voll. Genau daher käme der Name von *Pétéram*, den in Weißwein-Cognac-Sauce zubereiteten Kutteln vom Schaf. Und wer *Pistache* bestellt, bekommt Bohnen mit Lamm auf den Teller, mit Speckstückchen, Karotten, Lauch, Zwiebeln und Sellerie. Auch wenn der Eintopf an *Cassoulet* erinnern mag, sollte man ihn nicht so nennen, muss er doch schon deswegen *Pistache* heißen, weil man sich damit immer aufs Hemd tropft und Flecken – *les taches* – unvermeidlich sind. »Bei uns sagt man nicht: ›*t'as une tache*‹ – du hast da einen Fleck –, sondern: ›*tiens, t'as une pistache*‹, erklärt der Koch. Wenn Oustalet gerade mal nicht Rezepte erläutert, singt er okzitanische Oratorien, etwa mit der Gruppe Nadau, die mit ihrer Mundartmusik bereits das Pariser Olympia füllen konnte und deren Songs oft rhythmisch beginnen, beispielsweise so: »Patapim, patapam«. – Und Pistache und Pétéram! *Ben oui*, so ein Aufenthalt in Oustalets Auberge, das ist fast schon ein Crashkurs in okzitanischer Lyrik.

Adresse Village, 31110 Oô | Anfahrt über die D 76 | Öffnungszeiten täglich geöffnet, Okt.–Nov. montags geschlossen | Tipp Einstündige Wanderung zum See von Oô, fünf Kilometer südlich vom Dorf. Dank seiner zwei Vokale ist der schöne Lac d'Oô auch ein Klassiker in französischen Kreuzworträtseln.

83__Das Château d'Orion

Denken unter Platanen

»Ich wollte nicht Schlossbesitzerin sein, sondern Raum für Möglichkeiten geben«, klärt Elke Jeanrond-Premauer. Und weil sich in besonders glücklichen Fällen selbst die Fügung gefügig zeigt, ist beides passiert: Die ehemalige Journalistin des Bayerischen Rundfunks hat 2003 gemeinsam mit ihrem Mann Tobias ein Schlösschen im Béarn gekauft, behutsam renoviert und hier ihre »Denkwochen« etabliert, zu Themen aus Kultur, Politik oder Philosophie. Denn auch, wenn ein jeder im Alltag meist Zweckmäßiges verhandeln muss: Hier, am langen Tisch und kundig angeleitet von Dozenten, unter der Platane der Schlossterrasse mit Blick auf die Pyrenäenkette, wird zu Humor, Freiheit oder Hoffnung debattiert und – aus der reinen Freude am Denken – gedacht. »Ich bin überzeugt von der Kraft der geteilten Intelligenz«, nickt Elke Jeanrond-Premauer. Und fügt mit Nachdruck hinzu: »Wir brauchen dringend neue Narrative gegen die Einflussnahme von rechts.« Schließlich sei die Bespielung dieses Ortes auch eine Verpflichtung: »In diesem Château traf sich im Zweiten Weltkrieg die Résistance. Und wir – als deutsches Paar – verwandeln es in ein Haus der Begegnung.«

Neben allem Geistigen kommt aber auch das Leibliche nicht zu kurz. Beäugt von den Reihern einer freigelegten Wandbemalung aus dem 19. Jahrhundert, setzt man sich zum Frühstück. Das Brot wurde im 400-jährigen Schlossofen gebacken, der Joghurt ist hausgemacht, die Marmelade auch, alle Blumen am Tisch im eigenen Garten gepflückt. Im Salon nebenan spielt ein Tanzorchester beschwingten Swing vom Band, die Orangerie-Türen führen den Blick nach draußen, zum Dunst des Morgens, der den Pic d'Anie am Horizont noch verhüllt. Ein Platz zum Sein, so denkt man sich, das ist eben mehr als ein »place to be«. Das sieht auch Elke Jeanrond-Premauer so: »Die Menschen, die hier sind, sind nicht hier, weil man hier zu sein hat. Sie haben sich etwas ausgesucht, das versteckt ist.«

Adresse 8A, Route de Lasbordes, 64390 Orion | **Anfahrt** D 30, in Orion (Bourg) rechts in die Zielstraße | **Öffnungszeiten** April – Okt. bietet das Schloss Veranstaltungen wie die jeweils fünftägigen »Denkwochen« | **Tipp** Hinterm Schloss verläuft der im Burgund startende Pilgerweg Voie de Vézelay, einer der vier historischen Jakobswege, die durch Frankreich führen.

84_Au Parapluie des Pyrénées

Der Schirm der Schäfer

»Inzwischen«, lächelt Christophe Pando, »besucht man in Pau das Schloss – und unsere Boutique.« Vielleicht übertreibt er da ein ganz kleines bisschen, aber sicher ist: Sein Laden, in dem seit über 120 Jahren Schäferregenschirme hergestellt werden, ist eine echte Institution. Auch sein Vater Hervé sitzt noch immer im Verkaufsatelier und lässt die Nähmaschine rattern, inmitten von Holzgriffen und wasserfesten Stoffen in allen Farben. Eigentlich aber, präzisiert Hervé, sei die traditionelle Schäferschirmfarbe ein dunkles Blau. Und der traditionelle Durchmesser 1,35 Meter. Ganze vier Stunden Handarbeit braucht es zur Fertigstellung eines einzelnen Stücks. Besonders ist auch der Griff: Der runde, hölzerne Handschmeichler, im Französischen *pommeau* genannt, erlaubt es, die ihn umgreifende Hand bei rauen Außentemperaturen in der Westentasche zu lassen, um darin nicht nur die Finger zu wärmen, sondern auch das Gewicht des Schirms abzustützen.

Das Utensil ist aber nicht nur sehr praktisch, sondern auch *en vogue*. Zwar sind Schäfer noch immer die Kernkundschaft, aber inzwischen besitzt auch Fußballlegende Zinédine Zidane einen, Modezar Karl Lagerfeld besaß sogar gleich mehrere. Ein echter *parapluie du berger* hält Sonne und Regen ab. Die neun Dachstangen aus Rattan sind zudem so konstruiert, dass sich der Schirm unter einem Windstoß nicht nach außen stülpt. Und ja, er gilt sogar als Schutz vor Blitzen: Die Messingteile am Schirmstock sind von der Schirmspitze weit entfernt und isoliert durch Rattan und Buchenholz. Daher würden seine Schirme keine Blitze anziehen, nickt Christophe Pando. Mit dem Schäferschirm kann man also alles tun. Außer ihn wegwerfen. Aber auf diese Idee würde in Pau sowieso keiner kommen. Falls doch mal eine Dachstange brechen sollte, ist schließlich bei der Reparaturannahme der Pandos immer auch Zeit für ein Schwätzchen.

Adresse 12 Rue Montpensier, 64000 Pau | **Anfahrt** 10 Richtung Pau-Centre, links Richtung Gourette, 2. Kreisverkehrausfahrt auf Allée Catherine de Bourbon, auf Allée Condorcet, auf Avenue Dufau, rechts auf Blvd. d'Alsace Lorraine, links auf Rue de Bordeu, rechts auf Rue Pasteur, links auf Zielstraße | **Öffnungszeiten** Di – Sa 8 – 12 und 14 – 19 Uhr | **Tipp** Die 1908 eröffnete Standseilbahn Funiculaire de Pau ist das Wahrzeichen der Stadt. Bei einem Steigungsgrad von bis zu 30 Prozent fährt man im Drei-Minuten-Takt kostenlos die 105 Meter lange Strecke vom Bahnhof hoch zum Boulevard des Pyrénées mit seinem großartigem Blick auf die Pyrenäenkette.

85_Die Wiege Heinrichs IV.

Bonne Nuit im Panzer der Grünen Meeresschildkröte

Wenn man auch nicht so ganz genau weiß, ob der Königsspross tatsächlich jemals drin lag, so spricht doch historisch nichts dagegen: Der Meeresschildkrötenpanzer, der dem zukünftigen Heinrich IV. als Wiege gedient haben soll, ist bereits in einem Inventar des Schlosses von 1561/1562 vermerkt. Auf jeden Fall wäre der ovale, schuppige Carapax eine Wiege, wie sie dem beliebtesten König Frankreichs gebühren würde. Verbürgt ist, dass Heinrich IV. in der Nacht vom 12. auf den 13. Dezember 1553 im Schloss von Pau das Licht der Welt erblickte. Eine Chronik aus dem frühen 17. Jahrhundert berichtet detailliert von den Einzelheiten der Geburt, dessen wichtigster Akteur sein Großvater Henri d'Albret gewesen zu sein schien. Er soll etwa seiner Tochter während der Wehen zu Gesang geraten haben, und zwar zum Bearneser Lied »Notre Dame du Bout du Pont«, das man damals als entbindungsfördernd ansah.

Der zur königlichen Wiege umfunktionierte Schildkrötenpanzer einer *Chelonia mydas* ist wohl heute noch das bizarrste Objekt der Schlosssammlung, zwischen den Kronleuchtern aus Versailles und der größten Kollektion an Gobelin-Wandteppichen aus dem 16. bis 18. Jahrhundert außerhalb von Paris. Die Wiege steht im Geburtszimmer in dunklem Dekor, geschmückt mit so royalen wie kriegerischen Insignien. Lanzen, ein vergoldeter Helm, die Reichsfahne der französischen Könige, der Busch aus weißen Straußenfedern. Als Repräsentanten des Nationalkonvents im Nachbeben der Französischen Revolution darauf drängten, den Panzer zu verbrennen, sollen drei Helden, darunter der Kommandant des Schlosses, das mysteriöse Ausstellungsstück gegen einen ähnlichen Schildkrötenpanzer ausgetauscht und erst nach der Wiederherstellung der Bourbonenmonarchie wieder zurückgebracht haben. Merke: Bei geschichtsträchtigen Unikaten ist es immer gut, ein zweites zum Wechseln parat zu haben.

Adresse 2 Rue du Château, 64000 Pau | **Anfahrt** A 64, Ausfahrt Pau-Centre, Richtung Saragosse, dann Richtung Gare / Château | **Öffnungszeiten** täglich (außer 1. Jan., 1. Mai, 25. Dez.) | **Tipp** Im Schloss ist eine Farbskizze von Eugène Devéria zu sehen, »La Naissance d'Henri IV«. Wie das Original im Louvre zeigt es auch ein Tablett mit Wein und Knoblauch: Fürs *Baptême Béarnais* muss bis heute der Großvater dem Täufling die Lippen mit Knoblauch und Jurançon einreiben. Mit der Oma geht es inzwischen aber auch. *Vive l'émancipation!*

86__Das Art-déco-Architektenhaus

Miami versus Perpinyà

Als Philippe Latger von einem Miami-Aufenthalt in sein heimatliches Perpignan zurückkehrte, war er weniger überrascht darüber, wie stolz man in Florida auf das Art-déco-Erbe ist. Ihn beschäftigte eher, wie wenig man den architektonischen Nachlass der 1920er bis 1940er Jahre in Perpignan schätzt. »Während Miami sein Art-déco touristisch ausschlachtet, haben wir hier so viele Gebäude aus Mittelalter und Renaissance, dass unser Fokus überhaupt nicht auf dieser uns so nahen Baugeschichte liegt«, setzt er zur Erklärung an. »Schlafendes Kulturgut« nennt er sein Inventar aus über 1.000 Art-déco-Adressen, die er allesamt in Perpignan zusammengetragen hat. Und schickt sich an, es zu erwecken.

Als Präsident des Art-déco-Festivals PAD (Perpignan Art Déco), das seit ein paar Jahren alljährlich im Juni stattfindet, organisiert er Ausstellungen, etwa »Miami versus Perpinyà«. Das bedeutet übersetzt zwar ganz kämpferisch »Miami gegen Perpignan«, soll aber doch nur augenzwinkernd auf den architektonischen Rang verweisen, den Latger dem eigenen Erbe zubilligt und auch international bekräftigen möchte.

Eine besondere Variante des Art-déco in Frankreichs Süden ist der *régionalisme roussillonnais*, benannt nach der historischen Provinz Roussillon. Papst und Theoretiker dieser Spielart war Édouard Mas-Chancel, der – wie hier beim Entwurf für sein Architektenbüro aus den 1930er Jahren – zwar *beton armé*, also Stahlbeton, für alle tragenden Funktionen nutzte, aber verkleidend dennoch lokale Materialien wie Flusskiesel, rosa Marmor, Ziegel und Granit sowie romanische und gotische Stilelemente verwandte, um auf lokale Bautradition zu verweisen. »Ich kämpfe für das Art Déco régionaliste«, bekräftigt Philippe Latger seinen Einsatz auch für diese Spielart.

Adresse 9 rue Élie Delcros, 66000 Perpignan | **Anfahrt** D 900, Ausfahrt 8 Richtung Perpignan-Centre, auf Pénétrante N, auf Pont Arago, auf Cours Lazare Escarguel, Rampe Richtung Canet, auf Blvd. de la France libre, Kreisverkehr auf Rue Marguerite Jaulent, auf D 31A, links auf Rue Camille Desmoulins, links auf D 88, rechts auf Rue Edmond Bartissol, links auf Rue du Castillet, links auf Zielstraße | **Tipp** Die Glasfenster der Handelskammer im Treppenhaus des Palais Consulaire zeigen die Quellen des Reichtums von Perpignan: Wein, Obst und Industrie.

87__Der Bahnhof von Perpignan

Dalí, Blumenkohl und das Zentrum der Welt

In den höchsten Tönen umschrieb Salvador Dalí den Bahnhof von Perpignan, seine »Kathedrale der Inspiration«. Die genialsten Ideen seien ihm immer hier gekommen, notierte der Surrealist 1964 ins »Tagebuch eines Genies«. Und überhaupt befänden wir uns ohne den Bahnhof von Perpignan in Australien, umgeben von Kängurus. Denn einzig Perpignan hätte während der Kontinentalverschiebung dagegengehalten – und Europa erlaubt, da zu bleiben, wo es war.

Überschaubar und luftig ist dieser Bahnhof, aber so richtig nachfühlen kann man Dalís Visionen dennoch nicht, die er übrigens 1965 auch im Monumentalgemälde »La Gare de Perpignan« festhielt, das heute im Kölner Museum Ludwig hängt. Die Wichtigkeit des Ortes ist, wie es sich für einen echten Künstler gehört, auch recht ichbezogen: Von hier aus verschickte seine Muse und Ehefrau Gala Dalís Malerei in die weite Welt. Am 27. August 1965 dann, vor Tausenden jubelnden Einwohnern Perpignans, fährt Dalí für eine besonders pompöse Darbietung mit einem Triumphzug im Bahnhof ein. Beim Eintreffen seines *voyage triomphal* bekräftigt der Katalane die Wichtigkeit des Bahnhofs sogar als »Zentrum der Welt«.

Seit 1984 legen die Amis du Centre du Monde, die Freunde des Zentrums der Welt, immer am 27. August, präzise um 16.21 Uhr, der damaligen Ankunftsminute Dalís, feierlich im Bahnhof einen Blumenkohl, das bevorzugte Gemüse des *maître*, zur Erinnerung an das denkwürdige Ereignis nieder. Gründungspräsident Lluis Colet ist Dalí-Experte und hält seit 2009 den Weltrekord im Dauersprechen, nachdem er hier 124 Stunden nonstop auf Katalanisch über den surrealistischen Meister und die katalanische Kultur referierte. Zu essen bekam der angehende Weltrekordler natürlich Blumenkohl. Gestampft allerdings, beim Kauen soll man ja nicht reden.

Adresse 1, Place Salvador Dalí, 66000 Perpignan | **Anfahrt** D 900, Ausfahrt 8 Richtung Perpignan-Centre, auf Pénétrante N, auf Pont Arago, auf Cours Lazare Escarguel, rechts auf Av. Général de Gaulle, rechts auf Blvd. du Conflent, Ziel liegt links | **Öffnungszeiten** täglich 4.30–0.30 Uhr | **Tipp** 30 Kilometer nordwestlich von Perpignan wurde in der Höhle von Arago der Schädel des »Menschen von Tautavel« ausgegraben, der hier vor 450.000 Jahren lebte. Er vereint sämtliche Charakteristika der ersten Europäer, ist also das älteste erhaltene »Gesicht«, das wir von einem Europäer haben.

88__Das Cinéma Castillet

Im ältesten Kino mit Monsieur Cinéma

Castillet bedeutet »Schlösschen«. Und das geschwungene, von Zinnen und Wachturm bekrönte Tor, einst Teil der Stadtmauer, sieht tatsächlich aus wie eines. Es steht nur wenige Schritte entfernt vom Kino Castillet, das nach ihm benannt ist und ihm an Allüre in nichts nachsteht: Ein kleiner Palast wurde da im November 1911 eröffnet. 1.200 Sitzplätze zählte der große Saal. Dafür war die Leinwand damals nur drei mal zwei Meter groß – und der Film ohne Ton. »Es war aber trotzdem jeden Abend ausverkauft«, erinnert sich Jacques Font an die Erzählungen seines Großvaters, dem Kinogründer. Das Castillet ist nämlich nicht nur das älteste Kino Frankreichs, das seit seiner Eröffnung durchgehend in Betrieb ist. Es gehört auch immer noch derselben Kinobesitzer-Dynastie.

Der prachtvolle Haupteingang führt heute allerdings in die Bank Caisse d'Epargne, und aus dem einstigen großen Saal wurden inzwischen sieben kleine. Aber dekorativ erinnert noch vieles an das prächtige Vergnügungszentrum aus Grand Café, Filmpalast und einstiger Skating-Halle – die Glaskugelleuchtreklame auf dem Kinodach knüpft bis heute jeden Abend an die Rollschuh-Historie des Komplexes an. Und an den Satz des Gründers, dass die Familiengeschäfte gut laufen würden, solange sie vom Dach strahlt. Er sollte recht behalten: Ursprünglich aus Barcelona, wo bereits sein Vater Besitzer von zwei Kinos war, gründete der Katalane Joan Font in Perpignan sein eigenes Kino-Imperium. Das zunächst seine drei Söhne weiterführten – und seit 1987 Enkel Jacques. Dem gehören inzwischen sämtliche Kinos in Perpignan und noch ein paar mehr übers Hexagon verteilt. *Le Monsieur Cinéma*, wie er in seiner Heimatstadt genannt wird, will jetzt zwar die Hauptgeschäfte an Sohn Antoine – und damit an die fünfte Cineasten-Generation – übergeben. Aber ganz mit dem Kino aufhören, lacht er, das ginge natürlich nicht.

Adresse 1 Boulevard Wilson, 66000 Perpignan | **Anfahrt** D 900, Ausfahrt 8 Richtung Perpignan-Centre, auf Pénétrante N, auf Pont Arago, auf Cours Lazare Escarguel, Rampe Richtung Canet, auf Blvd. de la France libre, Kreisverkehr auf Rue Marguerite Jaulent, auf D 31A, links auf Rue Camille Desmoulins, links auf Zielstraße | **Tipp** In der Empfangshalle des Heimatmuseus im benachbarten Stadttor Castillet befindet sich die stets brennende »Flamme des Canigou«, ein Symbol katalanischer Solidarität. Eine an ihr entzündete Fackel wird am 22. Juni auf den Gipfel des Canigou getragen und bringt das Johannisfeuer zum Lodern. Erst dann entzünden auch die umliegenden katalanischen Dörfer Spaniens und Frankreichs ihre Feuer.

89__Das Atelier der Barken

Kataloniens schwimmendes Erbe

Geschäftig geht es hier zu. Obwohl die heiße Luft eines nicht abkühlenden Sommers in dem hohen Atelierbau steht, klopft und schabt und schleift es hier an schadhaften Planken, dass die Sägespäne nur so fliegen. Manche der bunten Holzboote – in Grün, mit roter Umrandung, Blau-Weiß oder natürlich im satten Gelb-Rot der katalanischen Flagge – sind bereits fertig restauriert. Andere warten noch auf ihre Wiedererweckung, die Farbe abgeblättert, der Rumpf morsch. An der Bucht von Paulilles werden die traditionellen Fischerboote restauriert, die man hier *barque catalane* oder einfach *catalane* nennt und die genauso zum maritimen Erbe der Côte Vermeille gehören wie die Sardellen, zu deren Fang sie bis ins 20. Jahrhundert hinein noch genutzt wurden.

Viele dieser Boote, so erzählt Atelier-Leiter Samuel Villevieille, seien noch bis vor wenigen Jahren verlassen am Strand von Le Barcarès gelegen, 40 Kilometer nördlich. Bis 2010 dieser Ort zu ihrer Restaurierung und historischen Einordnung eröffnet wurde. Samt einer kleinen Werft, in der vor Publikum gearbeitet wird. Und die mehrere Projektansätze umfasst. So sollen hier straffällig gewordene Minderjährige über ein Sozialprogramm zurück ins Ausbildungsleben finden. Gemeinsam mit Studenten der Ecole Supérieure en Enérgie rénouvable, der Ingenieurhochschule für erneuerbare Energie von Perpignan, rüsten sie etwa ein 100-jähriges Schiff mit einem durch Wasserkraft betriebenen Motor aus. Der Hydrogenerator erzeugt, dank eines Propellers, der durch Bootsbewegungen angetrieben wird, Elektrizität. »Wir nutzen unser Erbe hier also, um Lösungen für die Zukunft zu finden«, erklärt Villevieille begeistert, »und um die Jugend zu inspirieren.« Nicht nur die: 2017 kamen 30.000 Besucher in die Werkstatt. »Wir sind besser als ein Museum«, nickt der Franzose: »Durch uns bleiben Handwerk, Vokabular und Erbe lebendig.«

Adresse Site de Paulilles – RD 914, 66660 Port-Vendres | Anfahrt D 914, Parking de Paulilles | Tipp Mit einem Glasbodenboot lässt es sich vom hübschen Hafen von Port-Vendres aus in die Bucht von Paulilles tuckern.

90_Die Dynamiterie von Paulilles

Sprengstoff am Sandstrand

Sie hätten ihre Farben benutzt wie Dynamitstangen, resümiert der Künstler André Derain die furiose Landschaftsmalerei aus Collioure, die ihm und Matisse im Paris des Jahres 1905 die Schmähbezeichnung »Fauves« einbrachte, was »Raubtiere« bedeutet. Seine Wortwahl kam nicht von ungefähr: Rund drei Kilometer südöstlich von Collioure liegt die schöne Bucht von Paulilles in Port-Vendres. Just an diesem idyllischen Fleckchen entstand 1870 die erste Dynamitfabrik Frankreichs.

Die Produktion musste so weit wie möglich von der deutschen Grenze entfernt stattfinden. Kaiser Napoléon III. hatte Preußen den Krieg erklärt, dem Norddeutschen Bund sollte der Sprengstoff also nicht in die Hände fallen. An der kleinen Bucht zwischen Kap Béar und Kap Oullestrell wurde fünf Generationen lang Dynamit hergestellt. Die Arbeiter erhielten das fünffache Gehalt wie Fischer oder Weinberghelfer, zudem gab es Risikoprämien, eine Schule für die Arbeiterkinder und Wohnraum. Aber eben auch Explosionen, tödliche Unfälle und Berufskrankheiten, die lange nicht als solche anerkannt wurden.

1984 endet die Dynamitproduktion, bis 1991 wird die Fabrik noch für Metallbeschichtungen genutzt, danach aufgegeben. 1998 kauft das Küstenschutz-Konservatorium die überschwemmungs- und brandgefährdete, teilweise geplünderte und graffitiübersäte Industriebrache, deren Betreten eigentlich verboten war. Doch die früheren Arbeiter kamen weiterhin zum Baden in ihre schöne Bucht. Und seit der Wiedereröffnung der Anlage als Industriedenkmal samt Strand und Park im Jahre 2008 erst recht. Nachtaufnahmen zeigen, dass in der Dunkelheit wilde Waldkatzen, Füchse und Wildschweine den Gartenbrunnen, der einst zur Fabrikdirektorenvilla gehörte, als Tränke nutzen. Es scheint, die Fauves sind wieder da.

Adresse Anse de Paulilles, 66660 Port-Vendres | **Anfahrt** D 914, Parking de Paulilles | **Öffnungszeiten** ganzjährig geöffnet (außer 1. Nov., 25. Dez., 1. Jan.), Nov. – März 9 – 17 Uhr, April, Mai, Sept., Okt. 9 – 19 Uhr, Juni – Aug. 9 – 20 Uhr | **Tipp** Man kann auch nach Schließung des Parks am Strand bleiben, muss dann aber über den südlichen Strandausgang auf den Küstenpfad und anschließend über den Chemin du Fourat zum Parkplatz zurück.

91__La Guinelle

Saures aus Süßwein

Die meisten Menschen denken, um Essig herzustellen, nimmt man einfach einen Wein, der zu nichts anderem taugt. Nathalie Herre-Lefort denkt das nicht. Inmitten der steilen Hügel des Pyrenäenvorlands, hoch über Port-Vendres und seiner Côte Vermeille, hatte sich die Französin ein Häuschen gekauft, zwischen Weinbergen voller Grenachetrauben, unter Eukalyptus und Olivenbäumen. Eine Essig-Manufaktur war für diesen Ort nicht geplant. Doch aus der Wette mit einer Freundin entstand die Idee, Essig auf Basis eines sehr guten Weins herzustellen. Dem besten, den Nathalie Herre-Lefort sich dafür vorstellen konnte: aus dem Likörwein Banyuls nämlich.

Guter Wein hat wenig Konservierungsstoffe. Die Winzer, mit denen die Essigmacherin arbeitet, geben dem Banyuls, den sie für ihre Manufaktur produzieren, keine Sulfite hinzu. Denn wäre Schwefel im Wein, könnte daraus kein Essig entstehen. Mit diesem Banyuls füllt sie ihre alten Eichenfässer zur Hälfte, sodass für die natürliche Fermentierung viel Sauerstoff auf viel Fläche trifft. Die Säurebakterien der Essigmutter, Luft, Sonne, Zeit. All das lässt Nathalie Herre-Lefort seit 1999 in ihrer Open-Air-Vinaigrerie La Guinelle für sich arbeiten. Zunächst gärt der Wein etwa drei Monate in den unter einer Pergola liegenden Fässern. Danach ruht der Essig mit sechs Prozent Säure weitere zwei Monate in Korbflaschen, in denen die Sauerstoffzufuhr gekappt wird, wodurch die Essigbakterien nicht weiter arbeiten. In manchen Glasballonhälsen stecken kleine Stoffsäckchen, etwa mit Zimt und Nelken. So wird der Essig – ohne Direktkontakt zur Flüssigkeit – zusätzlich aromatisiert. Dunkelrot, fruchtig und samtig ist dieser Banyuls-Essig. Und so gut, dass ihn sehr bald Köche wie Yves Camdeborde für ihre Restaurants in Paris entdeckten. Inzwischen produziert Nathalie pro Jahr 18.000 Liter La-Guinelle-Essig. Man kann wohl sagen, sie hat die Wette gewonnen.

Adresse Hameau Cosprons, 66660 Port-Vendres | Anfahrt D 914, am Kreisverkehr auf Camp Matheu 0 bis zum Ziel | Öffnungszeiten Mo–Fr 9–12 und 15–19 Uhr | Tipp Im beliebten Restaurant »9 Caves« in Banyuls werden Gerichte mit den Essigen und Essigperlen (Essigtropfen in Algenhülle, *délicieux!*) von La Guinelle angeboten.

92 Musée du Quercorb

Die Hits des Troubadours

»Ich werde mehr Wahnsinn als Weisheit einarbeiten«, setzt sich Guillaume de Poitiers, der erste Troubadour des Mittelalters, den man noch heute namentlich kennt, zum inhaltlichen Ziel für sein Lied. *Et aura-i mais de foudatz no-y a de sen* heißt das in seinem stilisierten Altokzitanisch, der Sprache der Troubadoure. Und wer sich im Museum von Quercorb die Kopfhörer aufsetzt, kann seinen *chant occitan* anhören. Nicht nur in der originären Sprache des Dichters, sondern auch mit den Musikinstrumenten, die gespielt wurden zur Zeit Wilhelms IX. von Aquitanien, wie dieser Gründervater der höfischen Liebe im deutschsprachigen Raum genannt wird.

Hier im »Instrumentarium« befinden sich die Abgüsse von Kragsteinskulpturen, die mittelalterliche Musiker samt ihren Instrumenten zeigen. Im Original sind sie wenige Kilometer entfernt im Bergfried des Château de Puivert zu betrachten, in der *Salle des musiciens,* der Halle der Musiker. Nur sieht man sie im Museum aus nächster Nähe – und weniger mitgenommen von den Spuren der Jahrhunderte, die sie im recht zugigen Donjon von Puivert verbrachten, in den sich auch Tauben sehr gern zurückziehen. Auch die *cornemuse*, die Sackpfeife, ist sehr abgetragen, doch erkennt man noch immer gut den Blasebalg unter dem Arm des Musikers. Der Dudelsack mit seiner charakteristischen Mehrstimmigkeit gehörte zur höfischen Kultur. Im Musée du Quercorb entstanden – in getreuer Rekonstruktion nach diesen Konsolen aus dem 14. Jahrhundert – echte Musikinstrumente aus Holz, Häuten und Saiten. Ihr Spiel lässt die Atmosphäre mittelalterlichen Liedguts aufleben. Und erkennen, wie zeitgenössisch manches davon ist: Neben dem Wahnsinn müsse auch noch Liebe, Freude und Jugend in das Lied, beschließt Guillaume de Poitiers nämlich in der nächsten Zeile seines Lieds. Es scheint, als hätte ein Hit damals nicht viel anders funktioniert als heute.

Adresse 16 Rue Barry du Lion, 11230 Puivert | Anfahrt D 117, innerorts Beschilderung Musée du Quercorb folgen | Öffnungszeiten 1. April – 16. Sept., Juli, Aug. täglich 10 – 19 Uhr, ansonsten Mi – So 10 – 13 und 14 – 18 Uhr | Tipp In der Brasserie du Quercorb, wenige Meter vor dem Museum direkt an der Route Départementale, gibt es Craft Beer, das pyrenäischer nicht heißen könnte, etwa das »Galamus Double IPA«, und traditionelle Konzerte, sogar manchmal mit der »cornemuse polyphonique des Pyrénées«.

93__Sainte-Marie-Madeleine

Wo der Teufel die Axt mehr fürchtet als Weihwasser

In Rennes-le-Château ist was los, schon seit jeher: Man hat hier Dino-Eier gefunden und Überbleibsel von Steinzeitmenschen, Römern, Westgoten. Aber natürlich hat der Dorfpfarrer Bérenger Saunière am meisten Unruhe gebracht. 1891 begann er mit einer aufwendigen Renovierung der Maria-Magdalena-Kirche und erkor den Sakralbau aus dem 11. Jahrhundert zum Zentrum seiner Suche nach – ja, nach was? Dem Heiligen Gral? Spekulationen gibt es viele, denn der Abbé hat wohl Wertvolles entdeckt – und auch wieder versteckt: Ein codiertes Pergament soll sein erster Fund gewesen sein, dann Goldmünzen, eine geheime Krypta. Für seine Nachforschungen wurde Saunière zum Grabschänder, von der Dorfbevölkerung verklagt, in einen Mordfall verwickelt, des unlauteren Geschäfts mit Seelenmessen beschuldigt – und zum Adressaten für große Geldsummen.

Nach seinem Schatz sucht auch heute noch mancher, ob nun als außersinnlich talentiertes Medium oder mit Metalldetektor ausgerüstet. Dabei sind Grabungen im gesamten Ortsgebiet verboten. Wer nicht mit der Schaufel kommt, forscht zumindest nach Hinweisen in der Ikonografie des Kirchenmobiliars. Denn der Abbé, so wird vermutet, führt denjenigen an seine Geheimnisse heran, der die Einrichtung zu lesen weiß: Das Weihwasserbecken am Kircheneingang etwa ruht auf einer Teufelsskulptur. Dieser Asmodée ist in der Legende Wärter des Salomonschatzes. Moment, der Schatz der Westgoten stammte doch auch aus dem Tempel Salomons! Ein Hinweis? Falls ja, kein direkter, denn als 1995 ein Schatzsucher dem armen Teufel den Kopf abschlug, fand er nichts. Doch Asmodée muss immer wieder herhalten: Seine Augen wurden mehrmals herausgerissen. Und 2017 attackierte ihn eine maskierte Frau erneut mit einer Axt, allerdings aus religiösen Motiven, zuvor hatte sie den Koran auf den Altar gelegt. Derzeit wird also wieder einmal restauriert.

Adresse 11190 Rennes-le-Château | **Anfahrt** D 118 links auf die Route de Rennes-le-Château (D 52), Ziel an der D 52 | **Öffnungszeiten** täglich 10–12.30 und 13.30–17 Uhr
Tipp »Le Jardin de Marie« heißt das Restaurant im ehemaligen Pfarrgarten, man sitzt um einen Springbrunnen im Schatten der Laubbäume. Von 11 bis 21 Uhr geöffnet, wäre hier ein guter Moment, sich in Dan Browns »Sakrileg« zu vertiefen: Der ermordete Kurator in Browns Thriller ist nach dem Abbé Saunière benannt, und überhaupt bediente sich Brown einiger Verschwörungstheorien um Rennes-le-Château.

94__Der Sessel des Teufels

New Age, alte Mythen und die Tränen des Teufels

Vielleicht sogar häufiger als von Spaziergängern wurde dieser *Fauteuil du Diable* bereits von Mythen besetzt: Die Druiden hätten den in einen Felsbrocken hineingehauenen Sitz genutzt, um Sterne zu beobachten; über Kraftlinien könne man hier negative Energien abladen. Manch ein Mystery-Forscher erzählt vom Abbé Saunière, dessen weihwassertragender Teufel aus der Kirche in Rennes-le-Château seine unnatürliche Haltung einem bildhauerisch imaginierten Hinweis auf diesen *Fauteuil du Diable* verdanke, in dem die Kirchenskulptur vorgäbe zu sitzen. Natürlich sind auch Zeichen in den Felsensitz eingeritzt: Omega, ein Christusmonogramm, sogar das altägyptische Anch-Symbol. Ja, es ist nicht zu leugnen: Der Teufelssessel katapultiert sich mitten hinein ins mystisch aufgeladene, vorpyrenäische Dreigestirn beliebter New-Age-Destinationen: Rennes-les-Bains, Bugarach und Rennes-le-Château wirken eben auf Esoteriker, Goldsucher oder Ufologen genauso anziehend wie auf Wanderer und Kurgänger.

Oberhalb des Weilers Le Cercle entspringt die eisenreiche, verdauungsfördernde Quelle desselben Namens, wenige Schritte entfernt befindet sich der Teufelssessel. Seine vielleicht schönste Legende erzählt die Liebesgeschichte zwischen einem Prinzen und einem jungen Mädchen, die sich stets an dieser Stelle im Wald trafen. Eines Tages kam der Teufel vorbei und verliebte sich in das Mädchen. Er schickte ihren Geliebten in den Krieg und täuschte sie, indem er selbst die Gestalt des Prinzen annahm. Nach seiner Rückkehr traf der Prinz auf sein eigenes Ich, witterte Betrug und zückte sein Schwert. Der Teufel, in eiserner Rüstung, stieß seinen Gegner während des Kampfes in den Abgrund. Doch das trauernde Mädchen stürzte sich ebenfalls in die Tiefe. Da setzte sich der Teufel auf einen Felsen und weinte. Seine Tränen höhlten den Felsen aus, und seine schmelzende Rüstung wurde zur Source du Cercle.

Adresse 11190 Rennes-les-Bains | Anfahrt am Ortsausgang von Rennes-les-Bains (D 14 Richtung Bugarach) auf Höhe des Jardin de la Liberté parken, gegenüber Straße aufwärts zu Fuß dem Schild »Le Chemin du Cercle« folgen. Eine gelbe Markierung und ein unauffälliges Schild mit Stuhl und Fels führen zum Ziel. | Tipp Von Frühling bis Herbst kann man das Heilwasser in dem gemütlich-behäbigen Thermalbad in der Ortsmitte genießen, das hat immer 33 Grad und ist somit viel wärmer als die kalte Source du Cercle. In Rennes-les-Bains gibt es insgesamt neun Quellen, auch die nicht kommerziell betriebenen sind tolle Thermal-Badespots.

95 Brèche romaine

Berge, versetzt: mit Marmor in Weiß, Rosa, Blau

Gebückt schauen sie aus, die beiden acrylgemalten Protagonisten der jungen Künstlerin MioSHe, die den Eingangsbereich der Brèche romaine, des Römersteinbruchs, von Saint-Béat markieren. Aber sie haben ja auch wirklich viel zu tragen, obliegt es ihnen doch, die Mühsal des Marmorabbaus abzubilden. Ihr Werk hat die Französin dann auch »déplacer les montagnes«, also »Berge versetzen« genannt. »Man darf als Künstler sehr selten auf den natürlichen Untergrund eines natürlichen Umfelds malen«, erklärt sie. Hier durfte sie – und kürte gleich lokale Höhlenmalerei zur Inspirationsquelle. Schließlich ist die Höhle von Gargas mit den berühmten Handabdrücken aus dem Jungpaläolithikum keine halbe Autostunde entfernt.

In der Brèche romaine wurde, wie der Name schon sagt, bereits in der Antike Marmor abgebaut. Mancherorts weist die Bergflanke des Cap del Mount noch immer Spuren dieser Zeit auf. Dort bargen die Römer Stein von solch rosaroter Färbung, dass man bis vor gar nicht so langer Zeit noch dachte, die Trajanssäule in Rom wäre aus dem Marmor Saint-Béats gehauen. Das ist inzwischen zwar widerlegt, dennoch wurde das hiesige Carbonatgestein noch vom Sonnenkönig selbst sehr geschätzt. Doch als man erkannte, dass Marmor aus Carrara hochwertiger war, war's um die Beliebtheit Saint-Béats geschehen.

Auch in jüngerer Zeit hat der Ort gelitten: 1999 von einem Erdbeben der Stärke 4,8 heimgesucht, umspülten 2013 heftige Überschwemmungen die graublauen Bauten. Letztere sind selbstredend auch aus Marmor, wie selbst die Gehsteige von Saint-Béat. Heute schmiegen sich die hübschen Häuschen wieder dem mäandernden Lauf der Garonne an, dicht an dicht, ihr schmaler Baugrund am Ufer eingekeilt von den bewaldeten Steilhängen weiterer Marmorvorkommen. Nun, Berge versetzen ist eben doch sehr schwierig. Selbst für so versierte Steinhauer wie die Saint-Béatais.

Adresse und Anfahrt am Ortsausgang an der D 44, 31440 Saint-Béat | Tipp Das dreiwöchige Marmorfestival Marbre et Arts im Juli, bei dem zeitgenössische Künstler in den Straßen des Ortes an Marmorskulpturen arbeiten, ist zudem der einzige Zeitraum des Jahres, in dem man als Besucher Zutritt zu den über 35 Kilometer langen unterirdischen Galerien eines Marmorsteinbruchs erhält.

96 Les Sabots d'Isa

Die Herrin der Holzschuhe

Eigentlich kennt man in den Pyrenäen vor allem die Holzpantinen aus dem Bethemale-Tal in der Ariège. An deren senkrecht nach oben gebogenen, sich zuspitzenden Schnäbeln soll im Mittelalter ein betrogener Talbewohner die Herzen seiner untreuen Geliebten und seines Rivalen aufgespießt haben. Heute noch trägt man die Schnabelschuhe dort bei Bauerntänzen. Von Bethemale, Brauchtum und blutrünstigen Berglegenden ist man bei den Holzschuhmodellen von Isabelle Segonzac in Saint-Bertrand-de-Comminges jedoch mehr als 70 Kilometer entfernt. Dabei wusste auch die junge Frau, als sie das erste Mal im Schuhmacheratelier ihres Schwiegervaters stand, dass der *sabot,* wie der Holzschuh in Frankreich genannt wird, als altmodisch galt und sich nicht mehr gut verkaufte.

Dennoch: Ein *coup de foudre* sei es gewesen, ein Blitzschlag, dieses erste Mal im Atelier. »Es roch so gut nach Leder und Holz«, erinnert sie sich. Und dass sie sich gleich dachte, wie gern sie dieses Handwerk erlernen würde. Sie lacht noch heute darüber: »Da hat mein Schwiegervater aber Panik bekommen.«

Holzschuhmacher war nicht gerade ein Frauenberuf. Schließlich muss ein echter *sabotier* selbst den Baum fällen und sich sein Nussbaum- oder Birkenholz aussuchen. »Das erfordert eine gewisse Physis«, nickt sie und berührt mit Schalk im Blick den eigenen Oberarm. Ihr Schwiegervater hat sie dann dennoch als Lehrling akzeptiert. Und so wurde sie zur derzeit einzigen *sabotière* Frankreichs.

Die Herrin der Holzschuhe fabriziert den kompletten Schuh per Hand und fertigt ihre Modelle für höheren Tragekomfort mit unterschiedlichen Absätzen und Fußwölbungen. Das Leder, das sie benutzt, ist zu 100 Prozent aus Frankreich, manchmal gelingt es ihr sogar, Lederreste großer Pariser Couturiers zu ergattern. Ein Holzschuh als feminines *fashion piece.* Das erklärt die Herkunft des Wortes *sabotière* doch gleich neu: Auf dass sie *sabots* sabotiere!

Adresse 31510 Saint-Bertrand-de-Comminges (ville basse) | **Anfahrt** von Valcabrère kommend am Dorfeingang an der Kreuzung im Unterdorf links, dann rechts und den Schildern »Les Sabots d'Isa« folgen | **Öffnungszeiten** nach telefonischer Vereinbarung unter Tel. 0607/595636 | **Tipp** Erst 2017 wurde eine wiederentdeckte Jakobswegvariante aus dem 11. Jahrhundert neu eröffnet: Die 170 Kilometer lange Via Garona führt – ihrem Namen entsprechend meist am Wasserlauf der Garonne entlang – von der Basilika Saint-Sernin in Toulouse bis nach Saint-Bertrand-de-Comminges.

97_Die Orgel der Kathedrale

Übereck-, aber nicht Nischenmusik

Der Cheforganistin Élisabeth Amalric glaubt man sofort, dass sie ganz genau weiß, wie viele Orgelpfeifen ihr Dienstinstrument hat. Denn obwohl in manchen Dokumenten von 2.621 Pfeifen die Rede ist, spricht sie ganz entschieden von 2.993. »Und ja«, betont sie, »jede einzelne funktioniert!« Das war nicht immer so. Während der Französischen Revolution wurden viele davon eingeschmolzen und zu Munition gegossen. Sehr lange war die Orgel dieser Pilgerkirche am Jakobsweg danach ihrer Funktion beraubt. Erst in den 1970er Jahren, als man sich mit dem Gedanken trug, ein Orgelmusik-Festival im Ort zu etablieren, wurden die benötigten Gelder aufgetrieben, um das Schmuckstück wieder zum Klingen zu bringen. Inzwischen finden seit über 40 Jahren in den Festivalmonaten August und September rund 20 barocke oder zeitgenössische Konzerte statt. Dann zieht auch Amalric buchstäblich alle Register (40 an der Zahl), lässt ihre Orgel mal zart und engelsgleich wie eine Flöte frohlocken, bringt sie durchdringend wie eine Oboe oder trötig-nasal wie eine Sackpfeife zum Schwingen.

Die alerte Endfünfzigerin sitzt in Ringelshirt und Jeans weit oben unter der Kathedralendecke: 16 Meter hoch ragt die Orgel im Narthex auf, der Kathedralenvorhalle am Haupteingang. Der Orgelprospekt aus der Renaissance erhebt sich auf fünf kannelierten Eichensäulen. Rechter Hand führt eine Wendeltreppe zur Organistin empor, in ihren gewundenen Lauf ist sogar noch eine Kanzel samt Baldachin mit eingearbeitet. Die gesamte Schauseite der Orgel ist zudem reich mit Schnitzereien verziert, die ländliche Szenen und die zwölf Arbeiten des Herakles zeigen. So eine Orgel ist das einzige Musikinstrument, das ganz ohne feste Bau- oder Maßangaben auskommt. Und das gilt wohl ganz besonders für Saint-Bertrand-de-Comminges, steht hier doch die einzige Orgel der Welt, die übereck gebaut wurde.

Adresse 131 Place du Bout du Port, 31510 Saint-Bertrand-de-Comminges | Anfahrt A 64, Ausfahrt Montréjeau | Öffnungszeiten ganzjährig geöffnet, So und Feiertage erst ab 14 Uhr | Tipp Hat man sich am holzkunsthandwerklichen Ideenreichtum des Chorgestühls sattgesehen, lohnt der Blick auf das ausgestopfte Krokodil an der Eingangsmauer. Die Legende besagt, Saint Bertrand hätte es mit seinem Bischofsstab getötet, weil es besonders gern Jungfrauen fraß – vermutlich handelt es sich aber um die Votivgabe eines Pilgers.

98_Die Apotheke

Gesund dank Vierräuberessig und Welpenöl

So schön wie diese *Pharmacie* aus dem 18. Jahrhundert mit ihren Kirschbaumeinbauten im Stil Louis XV., den mundgeblasenen Glasflaschen und polychromen Steinguttöpfchen auch sein mag. Man ist doch recht froh, im 21. Jahrhundert nicht mehr auf ihre Tinkturen angewiesen zu sein. Das Antiseptikum *Vinaigre des quatre Voleurs*, der Vierräuberessig, mag ja noch angehen. Der Kräuterauszug auf Essigbasis beinhaltet schließlich nur Gewürze und Medizinalpflanzen wie Wacholder, Weinraute, Wermut, Rosmarin, Engelwurz, Knoblauch, Zimt, Lavendel oder Gewürznelken – und steht tatsächlich immer noch auch in vielen Bioläden zum Verkauf.

Der Legende nach sollen Ordensschwestern vier Briganten auf den Straßen von Toulouse beobachtet haben, damals, um 1720, als die Pest in ganz Südfrankreich wütete und Abertausende starben. Die Diebe durchwühlten das Hab und Gut verstorbener Pestkranker – ohne sich dabei anzustecken. Die Schwestern versprachen den vier Straßenräubern, sie nicht anzuzeigen. Unter einer Bedingung: Die Bande musste ihnen die Rezeptur ihres immunisierenden Tranks sofort preisgeben. Noch heute, nahezu 300 Jahre später, schwören viele auf das Allerheilmittel, ob es sich bei der zu kurierenden Beschwerde nun um Verschleimung, Kopfschmerzen, Müdigkeit, Infektionskrankheiten oder Kopfläuse handelt.

Bis 2010 war diese Apotheke aus dem Jahr 1764 im Westflügel des einstigen Hôtel-Dieu, dem Hospiz von Saint-Lizier, als Medikamentenlager in Gebrauch, wurden die historischen Räumlichkeiten damals doch noch als Seniorenheim genutzt. Heute muss man bei Krankheit die übrigen Apotheken Saint-Liziers aufsuchen, bekommt dafür allerdings auch kein Welpenöl mehr verschrieben. Im *Huile de petits chiens* war tatsächlich drin, was draufsteht. Es wurde äußerlich angewandt, bei Ischiasschmerzen oder schwachen Nerven. Heutzutage würde man Letztere wohl überhaupt erst davon bekommen.

Adresse Place de l'Église, 09190 Saint-Lizier | **Anfahrt** A 64, Ausfahrt 20 Richtung Saint-Martory, 2. Kreisverkehrausfahrt auf D 117, links auf D 103, über Rue du Pont links auf Vignes de l'Évêcher, »La Ville« folgen, Ziel liegt links | **Öffnungszeiten** täglich 11 und 15 Uhr auf Voranmeldung unter Tel. 0561/967777 | **Tipp** Aus den umliegenden 18 Tälern kommen die Marktverkäufer zum Samstagsmarkt von Saint-Girons. Darunter viele *peluts*, wie hier Hippies genannt werden, mit ihren Einmachgläsern voll Marmelade aus wild gepflücktem Obst.

99__Die Georgette

Der Gabel-Löffel-Zwitter

»Ich bin ein schlechter Schüler und hasse die Schule«, beginnt Jean-Louis Orengo und lächelt dabei schelmisch. Die Gründe liegen für den Mittfünfziger auf der Hand: »Sie zwingt einen, still zu sitzen und jemandem zuzuhören, dem es an erlebter Erfahrung mangelt – und häufig auch an Leidenschaft.« In der Konsequenz sei er Autodidakt geworden. Seit dem missglückten Abitur praktiziert er die Wissenschaft des Spurenlesens. Inzwischen füllt der Franzose ein eigenes kleines Museum mit Spurenabgüssen, in dem man auch dem Pyrenäen-Desman begegnet, nun ja, zumindest den Abdrücken der winzigen Pfoten und Hinterfüße samt Schwimmhäuten. Das Glück, dem winzigen und nachtaktiven Tier aus der Maulwurfsfamilie tatsächlich zu begegnen, ist nur wenigen Wanderern beschert. Auf seinem Grundstück bietet Orengo auch Spurenleser-Workshops für Kinder und Erwachsene an. Und erzählt gern, wie der Pfotenabdruck eines kanadischen Wolfs ihn zu einem neuen Besteck – halb Gabel, halb Löffel – inspirierte, der Georgette.

Die Wolfstatze ist heute noch sein Emblem auf dem Besteck-Zwitter, das er in unterschiedlichen Materialien produziert, etwa in geschwärztem Titan, wie man es sonst im Satellitenbau findet. Außerdem gibt es eine Georgette für Links- und eine für Rechtshänder, mit jeweils angepasstem, leicht gebogenem Löffelstiel. Für seine Schöpfung hat der Franzose beim Concours Lépine bereits eine Goldmedaille gewonnen, und das ist immerhin der Preis für Innovationen, mit dem auch die Gemüsemühle ausgezeichnet wurde, die den Erfolg von Moulinex begründete. Heute fände man in Spitzenrestaurants noch immer zehn Gabeln nebeneinander vor, gibt er stirnrunzelnd zu, aber der Anfang sei gemacht: Dreisternekoch Alain Ducasse hat 100.000 kompostierbare Georgettes für eine Veranstaltung im Pariser Grand Palais bestellt. Sogar danach kann man mit der Georgette also picken: den Sternen.

Adresse 8 Route de Miguet, 09190 Saint-Lizier | Anfahrt A 64, Ausfahrt 20 Richtung Saint-Martory, auf D 117, links ab auf D 103, auf Rue du Pont (D 3), Ziel an der D 3 rechts | Öffnungszeiten Zentrum Mo – Sa 10 – 19 Uhr | Tipp Im Restaurant »Le Carré de l'Ange« des renommierten Küchenchefs Paul Fontvieille sitzt man nicht nur auf der schönsten Terrasse des Städtchens vor dem Bischofspalast mit Blick auf die Schneespitze des Mont Valier, man isst zudem mit der Georgette.

100_Gorges de Galamus

Die Wunder der Einsiedelei

Alles an diesem Ort ist ein Wunder. Dass ihn überhaupt jemand in den Kalkfelsen der Schlucht geklebt hat, samt Kapelle, Dorfplatz und Café unter der großen Platane. Seit dem 7. Jahrhundert bis 1925 haben hier, wenn auch mit Unterbrechungen, Eremiten gelebt. Zunächst nur eine einfache Höhle mit Wasserbecken, wurde der Ort Ende des 18. Jahrhunderts ausgebaut, nach dem *Miracle de Suette,* dem Schweißfieber-Mirakel. Mehrere Dörfer im Fenouillèdes waren von der Seuche betroffen, die 1782 auch in Saint-Paul-de-Fenouillet wütete. Manche Bewohner hatten sich zum Eremiten von Galamus zurückgezogen. Nachdem sie von der Ansteckung verschont blieben, wuchs der Glaube, der heilige Antonius selbst hätte sie vor der Epidemie bewahrt. Noch heute wandert am 17. Januar, dem Namenstag des Heiligen, eine Pilgerschaft von Saint-Paul-de-Fenouillet aus hierher, um dem Vater des Mönchtums zu gedenken.

Auch die kleine Straße, die oberhalb der Schlucht verläuft, ist im Grunde eine realisierte Undenkbarkeit: Bis 1890 gab es entlang der Schlucht kein Durchkommen, dann sprengten wagemutige Straßenbauarbeiter, die sich an Seilen den Fels herunterließen, mit Dynamitstangen den Weg frei, um die Dörfer Cubières-sur-Cinoble und Saint-Paul-de-Fenouillet zu verbinden. Die Kirche soll das übrigens nicht gefreut haben, war es dadurch doch mit der Eremitenruhe vorbei. Was sie wohl erst über all die parkplatzsuchenden Touristen gesagt hätte? Zumindest im August braucht es in den Gorges de Galamus auch im 21. Jahrhundert noch Leidensfähigkeit und Glaube. Und das allerneueste Wunder könnte zusätzlich den Single-Markt erschließen: Die Glocke namens Rose, so erzählt Jérôme Occhipenti, die direkt über seinem Café im Felsen hängt, sei nämlich eine *cloche aux voeux*, eine Wunschglocke: Ziehe eine ledige Frau am blauen Seil und bringe Rose zum Klingen, heirate sie noch im selben Jahr.

Adresse Saint-Antoine, 66220 Saint-Paul-de-Fenouillet | Anfahrt D 117, links auf Rue de la Carreyade (D 7), der Parkplatz Belvédère hat einen Kiosk und Aussicht auf die Eremitage | Öffnungszeiten täglich Mitte März–Mitte Nov. | Tipp Von April bis Oktober bietet sich der smaragdfarbene Agly am Gorges-Grund zum Canyoning an: Schluchtenwanderung im Neoprenanzug, samt meterhohen Felssprüngen in die natürlichen Pools, Wasserrutschen und Kletterpartien inklusive.

101__Die Höhle La Verna

Zehnmal die Notre-Dame: die größte Höhle Europas

Unter Speläologen ist La Verna eine Referenz. Aber dann gibt es ja noch all jene, die keine Höhlenforscher sind. Die vielleicht noch nicht einmal ahnen, dass sich im Bauch des Massivs La Pierre Saint-Martin der größte unterirdische Hohlraum Europas befindet. Ebendieser Saal von gigantischem Ausmaß – 255 Meter lang, 245 Meter breit, 194 Meter hoch mit einem Volumen von 3,6 Millionen Kubikmetern auf 4,3 Hektar Grundfläche –, das ist La Verna. Genau genommen ist sie sogar weltweit die größte Höhle, die für die Öffentlichkeit – in einem gesicherten, beleuchteten Parcours – zugänglich ist. Um sich ihr Ausmaß vorzustellen, bemüht man gern den Vergleich, dass die Notre-Dame zehnmal hineinpassen würde. Sie ist so unfassbar groß, dass die Schaufensterpuppen von 1,90 Meter Größe, die als Höhlenforscher-Doubles auf der gegenüberliegenden Seite der Höhle aufgestellt wurden, wie Playmobilfiguren wirken. So groß, dass im März 2003 ein vierfach bemannter Heißluftballon in ihr zum ersten Untertages-Flug der Geschichte startete.

Als man 1950 den Zugang zu diesem Höhlensystem entdeckte, den Gouffre de la Pierre-Saint-Martin, war diese 322 Meter tiefe Spalte die tiefste, die man damals überhaupt kannte, was den Karsthöhlen rasch den Beinamen »Everest der Tiefen« einbrachte. Seit 2010 für Touristen geöffnet, bietet La Verna Einblick in die geologische Geschichte des Karstgebirges, bis hin zum 350 Millionen Jahre alten Schiefer und Kalkstein aus dem Paläozoikum. Noch immer werden Gänge erkundet, 13 unterirdische Flüsse hat man bereits gefunden, ihr Wasser hat das Höhlensystem in den Fels gekröst, auch La Verna entstand vor rund 200.000 Jahren durch den Einsturz eines Hohlraums, der von Wasserläufen untergraben worden war. Diese Zeit- und Raumdimensionen lassen den Betrachter ganz schön klein zurück – ungefähr so klein wie ein Playmobilmännchen.

Adresse Quartier Calla, 64560 Sainte-Engrace | **Anfahrt** D 113, vom Besucherzentrum mit der Navette zum Höhleneingang | **Öffnungszeiten** täglich Juli – Okt., ansonsten wetterabhängig | **Tipp** Die rustikale Bar-Auberge Elichalt bietet Wanderern des Fernwanderwegs GR 10 ein schönes Etappenziel und deftige Küche (Autofahrern aber auch). Gegenüber kann man in der romanischen Kirche Église Sainte Engrâce zwölf figürliche Kapitelle bestaunen und die scheibenförmigen Grabsteine (baskisch: *hilarri*) im Friedhof davor.

102__Die Krypta des Bayaà

Das Tote Meer des Béarn

Die Geschichte dieses Städtchens beginnt laut einer Legende mit einer Jagdgesellschaft, die ein Wildschwein verletzt, aber das flüchtige Tier nicht erlegt hatte – und einige Tage später dann doch noch fand: Fast schon verendet, lag es in einer Wasserlache, der massige Körper mit Salzkristallen überzogen, und soll den Jägern mit letzter Kraft noch diese kryptischen Worte mitgegeben haben – natürlich im Bearneser Dialekt: *Si you nou eri mourt, arres n'y bibéré* – wenn ich hier nicht gestorben wäre, würde hier niemand leben. Das Wildschwein starb, so stellte man schnell fest, in einer Salzquelle. Um die wiederum entstand die frühe Stadtbebauung *en coquille d'escargot*: Die Häuser umrundeten diesen Mittelpunkt wie die Spiralen eines Schneckenhauses, wollte doch jeder Bewohner sich in der geschäftsgünstigen Nähe des Wassers niederlassen.

Jahrhundertelang lebte es sich gut von der Salzgewinnung, doch im 19. Jahrhundert wandte man sich, wie viele andere Pyrenäenorte auch, dem Thermaltourismus zu. Zunächst wurden den Kurgästen Holzbottiche an die Quelle gestellt, wo das Salzquellwasser in ein von Stadtabfällen recht verschmutztes Becken unter freiem Himmel floss. Um die Quelle zu schützen, wurde 1865 diese Krypta errichtet. Einst bis unters Gewölbe mit Salzwasser gefüllt, ist es seit 2012 möglich, bis zu ihrem Grund hinunterzusteigen. Unter einem der Steinbögen blickt man direkt ins *l'œil de la source*, das Auge der Quelle, an deren Stelle 2.400 Liter Salzwasser pro Stunde heraustreten, mit 320 Gramm Salz pro Liter, was etwa dem Salzgehalt des Toten Meeres entspricht. Das schneeweiße Fleur de Sel aus Salies-de-Béarn ist heute bei Gourmets beliebt, von hier kommt auch das einzige Salz, mit dem der Bayonne-Schinken gesalzen werden darf. Er wird aus den Hinterbeinen vorrangig baskischer Schweine hergestellt. Bearneser Dialekt dürfte ihnen dennoch nicht fremd sein.

Adresse Place du Bayaà, 64270 Salies-de-Béarn | Anfahrt A 64, Ausfahrt 7 Richtung Pampelune, über D 430, 1. Kreisverkehrausfahrt auf Avenue des Docteurs Foix (D 933), links auf Place Jeanne d'Albret, über Place de la Trompe links auf Zielplatz | Öffnungszeiten geführte Gruppen, zur Führung muss man sich im Tourismusbüro von Salies eintragen (18 Place de la Trompe) | Tipp Nur wenige Meter weiter erklärt das Musée du Sel et des Traditions Béarnaises alles zur lokalen Geschichte des »weißen Goldes« (15 Rue des Puits Salants).

103 Das Memorial des Lagers

Geschichte, schwer wie Beton

Das Land ist weit und schattenlos, ein paar Windräder stemmen sich gegen die Ödnis, in der Ferne erhebt sich schweigend der Canigou. Außer Disteln wächst nicht viel im Geröll, als wollte selbst der Boden noch an das Grauen des einstigen Lagers von Rivesaltes erinnern. Hinter dessen Einzäunung stehen noch immer einige der standardisierten, trostlosen Baracken aufrecht, die zunächst für ein Militärcamp der Vichy-Regierung errichtet wurden, doch bald als Internierungslager dienten. Anfangs für die Flüchtlinge des Spanischen Bürgerkriegs, die vor Francos Truppen flohen, dann für Juden, die in Deportationszügen von Rivesaltes über Drancy nach Auschwitz gebracht wurden. Dazwischen fungierte das Lager als Kaserne der Wehrmacht unter der deutschen Besatzung, nach Kriegsende dann als Kriegsgefangenenlager für deutsche Soldaten. Und nach dem Algerienkrieg, bis Mitte der 1960er Jahre, als Durchgangslager für Harkis, den algerischen Gehilfen der französischen Armee.

»Das Lager von Rivesaltes, das größte Internierungslager Westeuropas aufgrund seiner weitläufigen Oberfläche, seiner langen Geschichte sowie der Vielfalt der Menschen, die sich dort aufgehalten haben, ist paradoxerweise ein Ort, der sehr lange der Vergessenheit anheimfiel«, resümiert die Leiterin des Memorials Agnès Sajaloli. Diesen Umstand zu ändern ist Aufgabe des 2015 eröffneten Memorials. Rudy Ricciotti konzipierte das Erinnerungszentrum als ockerfarbenen, halb in den schottrigen Boden eingelassenen Betonmonolithen. Die Höhe des längsgestreckten, fensterlosen, nur über eine unterirdische Rampe zugänglichen Quaders überragt die ihn umgebenden Lagerbauten nicht. So bleibt der Blick auf die Barackenkuben unverstellt – und der Besucher der Dimension und Brachialität dieses unbarmherzigen Ortes ausgeliefert. Eine *masse de mémoire* habe er schaffen wollen, erklärt Ricciotti: Erinnerungsmasse, schwer und lastend.

Adresse Mémorial de Rivesaltes, 66600 Salses-le-Château | Anfahrt A 9, Ausfahrt 41 Perpignan-Nord, über D 12 Av. Christian Bourquin | Öffnungszeiten 1. Nov. – 31. März 10 – 18 Uhr, Mo geschlossen; 1. April – 31. Okt. 10 – 18 Uhr, kein Ruhetag | Tipp Dass man hier schon bald in Spanien ist, zeigt das Amorflamenco Festival in Rivesaltes. Bei dieser knappen Woche im August kann man sogar als Freiwilliger mitarbeiten, etwa an der Bar oder beim Tanzkursunterricht.

104_Le Pont de la Légende

Gleich drei Legenden am Gave d'Oloron

Seit einem Hochwasser im Jahre 1732 steht hier nur noch eine halbe Brücke – und dennoch prägt die Pont de la Légende bis heute das soziale Leben von Sauveterre-de-Béarn. Legendär begonnen hat es mit den Erfolgsgeschichten rund um den Flussübergang bereits 1170, als Königin Sancie sich genau hier einem Gottesurteil stellen musste. Im Mittelalter galt das göttliche Zeichen als beliebtes Instrument der Rechtsprechung, also stürzte sich die des Kindsmords beschuldigte Königin von der Brücke in die Fluten des Gave d'Oloron. Als die Wellen sie trotz der gefesselten Füße und Hände unbehelligt wieder ans Ufer trugen, galt ihre Unschuld als bewiesen.

Ins kalte Wasser gesprungen sind auch Laura Schiffman und Allistair Bellahsen. Das Pariser Pärchen hatte genug von der Großstadt, eine gastronomische Ausbildung – und wenig Geld. Doch über die Crowdfunding-Plattform bulbintown.com stellten sie die Grundsätze ihres Bio-Restaurants »La Légende« vor und gaben Anreize, sich an der Verwirklichung ihrer »realistischen Utopie«, so Bellahsen, finanziell zu beteiligen. Für die Einzahlung von 25 Euro wurde beispielsweise »ein Apéritif, ein Sonnenuntergang und eine Umarmung« in Aussicht gestellt. 11.000 Euro wollte das junge Paar so erwirtschaften – 20.000 Euro sind es schlussendlich geworden. Genug Geld, um mit den *frigos naturels* ein natürliches Kühlsystem aus Lehm, Stroh und Holz für die Lagerung von Natur-Rotwein, Fleisch, Gemüse und Käse zu integrieren. Und für den Holzofen, auf dem sie kochen und der ihr komplettes Heißwassersystem speist. Als nächsten Schritt wollen die beiden fair produzierten Kaffee beziehen, der ausschließlich über Segelschiffe nach Frankreich transportiert wird. Erst 2018 eröffnet, haben die beiden jungen *restaurateurs* einen neuen kulinarischen Mittelpunkt in Sauveterre-de-Béarn kreiert. Und ihre Feste – die sind jetzt schon *légendaire*!

Adresse Restaurant La Légende, 5, rue de l'Abbé-Duplech, 64390 Sauveterre-de-Béarn | **Anfahrt** A 64, Ausfahrt 7 Richtung Pampelune, auf D 430, auf D 933, 3. Kreisverkehrausfahrt auf Route de Salies, links auf Place Royale, über Rue Saint-André links in die Zielstraße | **Öffnungszeiten** Fr–Mo Mittagstisch 10.30–14.30 (außer Fr), abends 20–23 Uhr, Di–Do geschlossen | **Tipp** Nun zur in der Überschrift angekündigten dritten Legende: Die »Chambres du Pont de la Légende« direkt oberhalb der Brücke sind das zauberhafte Bed and Breakfast einer chinesisch-australischen Hoteliers-Familie.

105 La Boutique des Colporteurs

Hausierer-Hochburg im Haut-Couserans

Wer die Tür zur Maison Souquet aufstößt, steht mittendrin in der Hausierer-Hochburg des Haut-Couserans. Hier, wo die drei Flusstäler von Salat, Garbet und Arac aufeinandertreffen, entstand ein Knotenpunkt des *colportage*, des Hausierertums. Von 1820 bis in die 1960er Jahre hinein kaufte man in der Boutique des Colporteurs Lebensmittel, Kurzwaren, Schmuck und Devotionalien aus bis unter die Decke gefüllten Holzregalen. Und die *Colporteurs* kamen, um ihre Bauchläden, die *caïchos*, aufzufüllen. Jedes Tal des Couserans hatte seine Spezialität: In Oust wurden Kruzifixe und Rosenkränze gefertigt, mit denen die *Colporteurs* nach Algerien und Südamerika reisten. Auch Brillen aus Salau oder Hornkämme aus Massat gehörten zum Angebot, sogar auf Pyrenäengipfeln geerntetes Eis brachten die Wanderhändler bis in die feinen Hotels von Toulouse. Zu Hochzeiten arbeiteten 14 Angestellte in dem Laden. Es sei das Amazon der damaligen Zeit gewesen, scherzt einer der Freiwilligen, die heute die Boutique als Museum betreiben.

Als die Erben den Laden 2005 an die Gemeinde übergaben, befand sich in den Regalen und Lagern, erstarrt in der Zeit, noch viel Ware. Und sämtliche Briefe, Verträge und Bestellungen seit 1824. Fast zehn Jahre wurde daran gesessen, alles aufzulisten, um die Handelsnetze aus den gefundenen Daten zusammenzusetzen. Heute ist die Boutique das einzige Museum Frankreichs, das sich der Geschichte der *Colporteurs* widmet. Besonders stolz ist man auf eine Farbpalette für Seidenstoffe, die 2014 dem Modekonzern Chanel für eine Ausstellung in Seoul ausgeliehen wurde. Der Farbbogen heißt Ko-Ko-Ri-Ko, wie das Lied, das Gabrielle Chanel einst auf den Straßen von Paris sang. Es ist nicht die einzige Verbindung zwischen Chanel und der Maison Souquet: Auch Cocos Vater war einst ein *Colporteur*.

Adresse 6 Rue Principale, 09140 Soueix-Rogalle | **Anfahrt** D 618, rechts ab auf Coureillac (D 32), Soueix liegt linker Hand | **Öffnungszeiten** Sommer: täglich 15 – 19 Uhr sowie zu den Februar- und Osterferien | **Tipp** Bei »La Roulotte« gibt's Holzofenpizza, regelmäßige Konzerte und sogar Poetry Slams, alles gleich im hübschen Hinterhof des Colporteur-Museums.

106 Der Hypocras der Séguelas

Der älteste Aperitif Frankreichs

Jean-François Séguelas kann sich schnell mal in Rage reden. Oder in die absolute Verzückung. Je nachdem eben, welche Etappe seiner Nachforschungen zur originalen Rezeptur des Hypocras, des ältesten Aperitifs Frankreichs, er gerade erzählt. Gemeinsam mit seinem Vater Michel hatte er sich Ende der 1970er Jahre auf diese Suche begeben, nachdem er beim mittelalterlichen Chronisten Jean Froissart gelesen hatte, der Graf von Foix, Gaston Phoebus, lasse sich jeden Tag Hypocras einschenken, um Herz und Körper zu beleben. »Wir haben sehr schnell ein Rezept gefunden. Zu schnell. Und dann noch eines und dann immer mehr«, erinnert Séguelas sich. Doch keines der Rezepte ähnelte sich, noch nicht einmal die Zutaten waren die gleichen. Fünf Jahre brauchten Vater und Sohn bis zur Wiedererweckung des Gebräus. Sie sprachen dafür mit Historikern, Uniprofessoren, durchpflügten private Bibliotheken. 1982 dann der Durchbruch mit ihrem 16-prozentigen Hypocras, einem hellen Süßwein, mit Zimt, Kardamom, Gewürznelke, Rosenblättern und Ingwer versetzt.

Der Name wird der Legende nach auf den Arzt Hippokrates zurückgeführt. Über Griechenland und den Orient soll das Getränk dank der Kreuzritter den Weg nach Frankreich gefunden haben. Und auf die Tafel der französischen Könige. Das belebende Tonikum, gedacht als Mittel gegen Grippe, bei Geburten, Nervenleiden, selbst bei Knochenbrüchen, wurde durch seinen kräftig-warmen, nuancierten Geschmack zum Aperitif und Dessertwein. Weil bald auch der kleine Mann seinen Hypocras wollte, doch die Ingredienzien teuer waren, begannen die Variationen in der Herstellungsweise. Auch heute noch sei Hypocras im Umlauf, der diesen Namen, so Séguelas, gar nicht verdiene. Oh weh, wieder könnte er sich in Rage reden. Vielleicht noch ein Gläschen? Hypocras hilft ja bekanntlich bei jeder *malaise*.

Adresse Chemin de la Croix de Quié, 09400 Tarascon-sur-Ariège | **Anfahrt** N 20, 2. Kreisverkehrausfahrt auf D 618 bis zum Ziel | **Öffnungszeiten** Di – Sa 15 – 19 Uhr | **Tipp** Im hübschen Gästehaus »Les Châtaigniers de Florac«, einst ein alter Bauernhof aus dem 18. Jahrhundert im kleinen Weiler Surba bei Tarascon, setzt auch Gastgeberin Sylvie selbst ihren Hypocras an, aber pssst, nicht dass sich Jean-François Séguelas darüber ärgert.

107 Musée Massey

Schneidig in die Schlacht

Husaren. 400 Jahre Militärgeschichte liegen in diesem Wort – und dennoch denkt man eher an Operetten, goldbesetzte Uniformen und schneidige Schnauzbärte, wenn man von ihnen hört. Das einzige Armeekorps, das in über 30 Ländern und vier Jahrhunderte lang existierte, hatte seine Wurzeln im Ungarn des 16. Jahrhunderts, verbreitete sich über ganz Europa und erreichte im 18. Jahrhundert sogar mehrere Länder der amerikanischen Kontinente. In einer der Museumsvitrinen zeigen die in Knöpfe eingestanzten Kirschblüten am Dolman, der mit Schnüren besetzten Husarenjacke, dass sich diese Kavalleristen selbst in Japan sammelten. Die japanische Uniform von 1905 ist eines von 17.000 Objekten aus der Sammlung dieses ersten Museums weltweit, das sich der Husarenhistorie widmet. Ein weiteres ist das düstere Schlachtengemälde von Francesco Casanova. Dem italienischen Maler – und jüngeren Bruder des legendären Frauenhelden – attestiert man koloristisches Talent, aber auch kompositorische Schwäche, die er oftmals in Pulverdunst versteckte. Und tatsächlich hüllen auch hier graue Schwaden die Reiter ein – nur eben nicht die roten Uniformen der preußischen Husaren mit ihren goldbestickten Säbeltaschen.

Säbeltasche und pelzgefütterter Mantel waren die Attribute einer Uniform *à la hussarde*. Im 18. und 19. Jahrhundert orientierten sich Militärs weltweit am romantisierten Vorbild, bis der Erste Weltkrieg und die Entwicklung von Tarnanzügen diese Vorliebe beendete. Dass dieses Museum ausgerechnet in den Zentralpyrenäen steht, ist kein Zufall: Die 1955 begonnene Sammlung sollte die wechselseitige Beziehung des lokalen Nationalgestüts der Anglo-Araber, einer Kreuzung aus englischem Vollblut und Araberpferden, mit den Husarenregimentern der Garnisonsstadt aufzeigen. Noch heute befindet sich das 1. Fallschirm-Husarenregiment in Tarbes – doch, och: inzwischen tragen sie Flecktarn.

Adresse Rue Achille Jubinal, 6500 Tarbes | Anfahrt A 64, Ausfahrt 13 Richtung Tarbes-Centre, auf D 817, Kreisverkehr auf N 21 Richtung Tarbes, 1. Kreisverkehrausfahrt auf Quai de l'Adour, halbrechts auf D 935B bis Ziel | Öffnungszeiten täglich (außer Di) Mitte April–Mitte Okt. 10–12.30 und 13.30–19 Uhr, ansonsten 10–12 und 14–17 Uhr | Tipp Hungrige werden in dem für seine Markthallen bekannten Tarbes auf alle Fälle fündig – etwa bei Austern und Tapas am Fischstand »Pyrénées Marées« in der Markthalle Brauhauban.

108 Die Gärten der Töpferei Hillen

Kuchen, Keramik, Kulturpflanzen: ein Gartenbesuch

Als sich die deutsche Familie Hillen 1990 am Ufer des Flusses Gimone niederließ, auf einem Stückchen Land mit gerade einmal sieben Bäumen darauf, war nicht abzusehen, dass hier, rund drei Jahrzehnte später und auf fünf Hektar verteilt, ein mehrfach prämierter Garten entstehen würde. Oder aber vielleicht doch: »Bei uns fließt grünes Blut durch die Adern«, lacht Lutz Hillen und erinnert sich zurück an die Anfänge, als die fünfköpfige Familie auf den alten Hof zog, von dem nur ein einziges Zimmer bewohnbar war: »Wir haben Zelte aufgeschlagen und draußen geduscht, auch im Winter.« Die drei Kinder der Hillens gingen also hier in Frankreich zur Schule, und das Keramikkünstler-Paar richtete sich vor Ort eine Töpferei ein, erzählt der Gartenbauer im Rückblick: »Wir hatten ein Projekt. Und viele Ideen.«

Von Letzteren sind inzwischen allerhand umgesetzt. Landschaftsarchitektonisch Kontraste und Harmonien zu erzeugen sei von Anfang an eine Zielsetzung gewesen, nickt Gärtner Hillen, und das ist auch gleich zu erkennen, an den 125 verschiedenen Bambusarten etwa, den 65 Sorten von Japanischem Ahorn, die im Jahreszeitenrhythmus alles zum Flimmern bringen, vor lauter Farbe. An den gewachsenen Gourmandisen, die man pflücken und sich in den Mund strecken kann. Wenn sie nicht vorher in den Pâtisserien, Essigen und Marmeladen von Renate Hillen und damit im garteneigenen *Salon de Thé* landen. 2007 eröffneten die Hillens ihren Garten, der bis dahin nur als Familienrückzugsort gedient hatte, bereits 2010 erhielten sie die Auszeichnung des Kulturministeriums *Jardin remarquable*, bemerkenswerter Garten. Und 2013 wurde ihr Familienprojekt von einer Publikumsjury zum beliebtesten Garten der Region gewählt. Im selben Jahr kürte die Fernsehsendung »Le jardin préféré des Français« auf France 2 das Paradies der Hillens zum Lieblingsgarten der Franzosen.

Adresse Les Jardins de la Poterie Hillen, Départementale 28, Quartier Garnière, 65230 Thermes-Magnoac | **Anfahrt** D 929 Richtung Masseube bis Castelnau-Magnoac, am Ortseingang links auf D 632 Richtung Boulogne-sur-Gesse bis zu den Gärten | **Öffnungszeiten** Mai – 15. Sept. Di – So 14 – 19 Uhr, 16. Sept. – 20. Okt. Sa, So 14 – 18 Uhr, Gruppen auf Voranmeldung unter Tel. 0562/398348 | **Tipp** Rendez-vous aux Jardins ist ein frankreichweit gefeiertes Wochenende der offenen Gärten im Juni, das in die Gärten Frankreichs lädt und 2018 erstmals mit 15 weiteren teilnehmenden Ländern auf europäischer Ebene stattfand. Die Hillens präsentieren zum Rendez-vous lokale Künstler und Bio-Produzenten in ihrem Garten.

109_Caves Byrrh

Das größte Holzfass der Welt

Es sind ganz schön viele Superlative für so ein beschauliches Städtchen: In Thuir, 15 Kilometer südwestlich von Perpignan, wurde 1866 der erste aller Aperitifs erfunden, der Quinquina – also Chinarinde – enthielt. Von hier aus eroberte der tiefrote, bittersüße »tonische und hygienische Quinquina-Wein« bereits vor 100 Jahren ferne Kontinente. Um der Nachfrage zu genügen, waren zu den Hochzeiten – bei Jahresproduktionen von 30 Millionen Litern – 700 Arbeiter auf der sieben Hektar umfassenden Anlage beschäftigt (heute sind es gerade noch 80). Die betreibende Gründerfamilie Violet gehörte zudem zu den ersten Fabrikanten Frankreichs, die an das Schienennetz angeschlossen wurden. Einen Reisenden hatte dieser Bahnhof freilich nie gesehen, schließlich war er ausschließlich für die An- und Ablieferung gedacht. Der industriearchitektonischen Ästhetik fühlte man sich dennoch verpflichtet: Die metallene Dachkonstruktion wurde 1892 von den Ateliers Gustave Eiffels erbaut.

Dass das Kürzel Byrrh nicht wirklich französisch klingt, liegt daran, dass es sich eigentlich um einen Code handelt und den Stoff bezeichnete, der einer Gründungslegende nach just in dem Moment bei den Tuchhändlern Simon und Pallade Violet angeliefert wurde, als sie sich entschlossen, ihr Glück doch lieber im Wein zu suchen.

Dass sie es dort gefunden haben, beweist sich eindrücklich am größten Eichenholzfass der Welt. Mit einem Durchmesser von 12,46 Metern am Fuße und zehn Metern Höhe wiegt es schon allein leer 110 Tonnen – und das Zehnfache, wenn es gefüllt ist. Es fasst 1.000.200 Liter. Um dem ungeheuren Druck standzuhalten, wurden für seine Umreifung 1.860 Meter Stahlband benötigt. Wie ungemein kompliziert die Herstellung des Fasses tatsächlich war, lässt auch die Produktionszeit erahnen: 1935 hatte die Firma Byrrh das Fass bestellt, 1950 konnte es geliefert werden.

Adresse Boulevard Violet, 66300 Thuir | **Anfahrt** D 612 (A), Kreisverkehrausfahrt auf Avenue Dr Ecoiffier, Zielstraße rechter Hand | **Öffnungszeiten** Nov.–März, Mo geschlossen, Rundgänge um 10.45, 14.30 und 16 Uhr, in den übrigen Monaten täglich geöffnet und Rundgänge mindestens alle 45 Minuten | **Tipp** Für angehende Mixologen gibt es die *Visite privilège cocktail*. Die Eintrittsgebühr von 25 Euro beinhaltet eine exklusive Visite um 16.45 Uhr und einen Cocktail-Workshop um 18.30 Uhr. Immer am ersten und dritten Donnerstag des Monats von April bis Oktober.

110 La Casa Pardal

Wie man Stroh zu Gold macht

Die Piste staubt, und der Bambus wird immer dichter? Dann ist es der richtige Weg. Am Nordstrand von Torreilles flattert über einem Bretterverschlag eine Flagge mit vier horizontalen roten Streifen auf gelbem Grund, hinein ragt von links ein blaues Dreieck mit weißem Stern. Es ist die Estelada, Symbol der Unabhängigkeit Kataloniens. »Casa Pardal«, steht in groben Pinselstrichen auf dem von der Mittelmeersonne geblichenen Holz. Von der Hinterseite aus lässt sich nicht ausmachen, dass man gleich bei ein paar gegrillten Sardinen oder dem schwarzen Reis mit Oktopus an azurblau lackierten Holztischen sitzen wird. Oder auf einem der geflochtenen Schalensessel in grellem Pink im feinkörnigen Sand, um dessen Verschwinden alle fürchten, nagt doch die Erosion auch am Strand von Torreilles. Durch die Lautsprecher näselt es »Bei mir bist du schoen«, die Gäste in Badeklamotten unterm Reetdach danken dem Kompliment mit Entspanntheit und stoßen klingend ihre Gläser, die gefüllt sind mit gekühltem Rosé. Stammgäste rufen nach Junior-Wirt Laurent Predal für den neuesten Klatsch. »Catherine Deneuve war also hier? Erzähl doch mal!«

Die Casa Pardal ist mehr als ein *Place to be*. Sie ist eine *Plage to be*! *La Plage*, klar, das bedeutet Strand auf Französisch. Aber eine noch wichtigere Vokabel ist *Paillotte* – die Strandbar. Das *paille* steht für das Stroh, das die flüchtige Architektur einer solchen Strandhütte ausmacht. Und die Mitglieder der Familie Predal sind Strohhütten-Pioniere, seit 1989 halten sie hier die Stellung. Die elegante Betty kümmert sich um die Lieferanten, Paul bastelt und richtet alles wieder her, was im Laufe einer Saison kaputt geht, und Sohn Laurent bespaßt Team und Gäste. Wer mit dem Rücken zum Meer sitzt, gibt vielleicht gerade ein politisches Statement ab: Weit hinter den Staketenzäunen, die Dünen zusammenhalten, thront der Canigou, heiliger Berg der Katalanen.

Adresse Plage Nord, 66440 Torreilles-Plage | Anfahrt D 31, im Kreisverkehr Torreilles der Beschilderung »Torreilles Plage« folgen, nach dem letzten Campingplatz links, dann Beschilderung »plage Nord«, der benachbarte Strandclub »Blockhaus« ist besser ausgeschildert, dessen Hinweisen folgen, großer Parkplatz am Strand, wenige Meter von der Casa Pardal entfernt | Öffnungszeiten täglich Anfang Mai–Mitte Sept. 10.30–24 Uhr | Tipp Mit Kajaks, Kitesurfen und Co. ist das Blockhaus auch für Wassersportler die richtige Adresse.

111_Der Jacuzzi des Hotels

Im Pool der Murmeltiere

Viscos ist eines dieser typischen Pyrenäen-Dörfer mit nur einer Handvoll Einwohnern und noch weniger Steinhäusern, die sich entlang eines steil sich windenden Sträßchens reihen. Doch dann gibt es hier eben auch den Hubschrauberlandeplatz am Dorfeingang. Das Gourmetrestaurant im Hotel »La Grange aux Marmottes«, der »Scheune der Murmeltiere«. Und diesen grandiosen Jacuzzi, der zum Hotel gehört, mit Blick auf das viele Granit des Néouvielle-Massivs.

Und auf die nistenden Bartgeier in den Felsen gegenüber. »Im Frühling sieht man sie immer wieder mal übers Dorf fliegen«, sagt Catherine Sénac. Die Hotelchefin kann ungefähr deuten, wo sich die Nester befinden, sagt aber gleich: »Ihr genauer Standort wird meist gar nicht bekannt gegeben, damit sie ihre Ruhe haben.« Vom *gypaète barbu*, dem Bartgeier, gab es in den 1960er Jahren in Frankreich noch nicht einmal mehr zehn Pärchen. Inzwischen sind es allein in den französischen Pyrenäen wieder knapp 50 Paare. Der Geier mit dem markant-borstigen, namensgebenden Bärtchen am Schnabel ist einer der größten Raubvögel Europas, seine Flügel erreichen eine Spannweite von bis zu drei Metern. Beinbrecher nennt ihn der Volksmund, da er sich von Knochen ernährt, die er zuvor im Flug aus bis zu 80 Metern auf eine Felsplatte fallen lässt, um sie in schlundgerechte Stücke zu zertrümmern.

Das ist bei den lokalen Köstlichkeiten in Sénacs Restaurant natürlich nicht nötig. Das wissen auch Silvia und Carl Gustav von Schweden, die im März 2011 drei Tage lang das Hotel reservierten. Für Ski- und Gourmettouren – und wegen der schwedischen Historie: Der Begründer des Königshauses Bernadotte, Karl XIV. Johann, wurde 1763 im nahen Pau geboren. »Sie haben noch immer Familie dort«, weiß Sénac. Den Jacuzzi konnten sie allerdings noch nicht genießen, den gibt es erst seit 2015. Wie sagt man »so ein Pech« auf Schwedisch?

Adresse Centre du Village, 65120 Viscos | Anfahrt D 921, rechts ab Richtung Loncas auf D 149, rechts ab Richtung Le Village | Öffnungszeiten Jacuzzi: April – Okt. beheizt und geöffnet | Tipp Sogar das Königspaar von Schweden hat den Weg auf sich genommen, dann also auf in die Maison Bernadotte (8 Rue Tran, 64000 Pau, etwa 80-minütige Autofahrt von Viscos). Das Museum dokumentiert, wie aus einem gebürtigen Palois (also einem Einwohner von Pau) im Jahre 1813 der König von Schweden wurde.

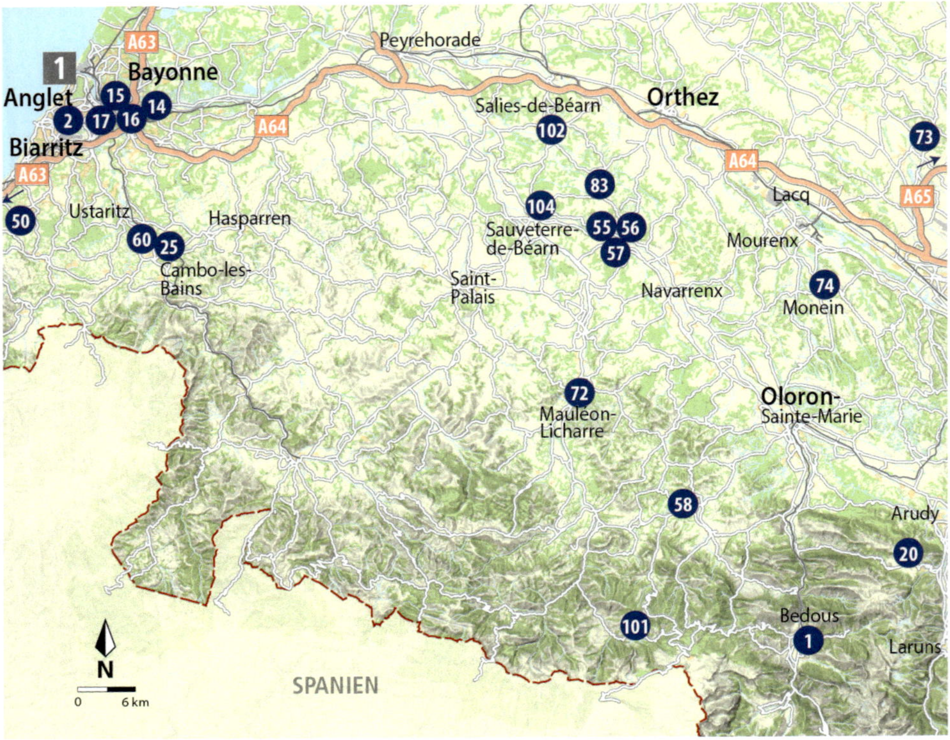
1
A63
Peyrehorade
Bayonne
Anglet
15
14
2
17
16
Biarritz
A64
Salies-de-Béarn
102
Orthez
73
A63
A64
83
A65
Lacq
50
Ustaritz
Hasparren
104
Sauveterre-de-Béarn
55
56
57
Mourenx
60
25
Cambo-les-Bains
Saint-Palais
Navarrenx
74
Monein
72
Mauléon-Licharre
Oloron-Sainte-Marie
58
Arudy
20
Bedous
101
1
Laruns
N
0
6 km
SPANIEN

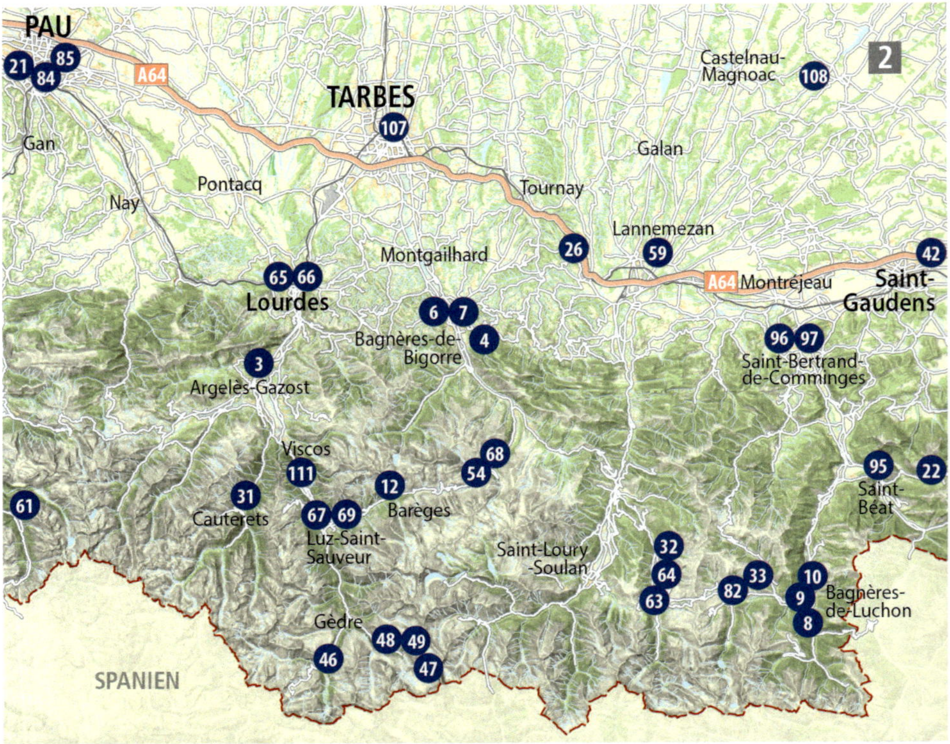
PAU
21
85
84
A64
Castelnau-Magnoac
108
2
TARBES
107
Gan
Galan
Pontacq
Nay
Tournay
Lannemezan
Montgaillhard
26
59
42
65
66
A64
Montréjeau
Saint-Gaudens
Lourdes
6
7
Bagnères-de-Bigorre
4
96
97
Saint-Bertrand-de-Comminges
3
Argelès-Gazost
Viscos
68
111
54
95
22
12
Saint-Béat
61
31
Cauterets
67
69
Barèges
Luz-Saint-Sauveur
Saint-Loury-Soulan
32
64
33
10
63
82
9
Bagnères-de-Luchon
8
Gèdre
48
49
46
47
SPANIEN

3
Cazères
Montesquieu-Volvestre
A20
Belpech
A64
27 28
Carla-Bayle
Saint-Martory
Pamiers
Le Mas-d'Azil
62
Salies-du-Salat
Mirepoix
Varilhes
Aspet
13
98 99
Baulou
Saint-Lizier
51
44 Foix
Laroque-d'Olmes
79
Moulis
77
Lavelanet
18
105
Massat
78
Bélesta
Montségur
106
Tarascon-sur-Ariège
81
70
Les Cabannes
Ax-Les-Thermes
N
5
0 6 km
SPANIEN
ANDORRA
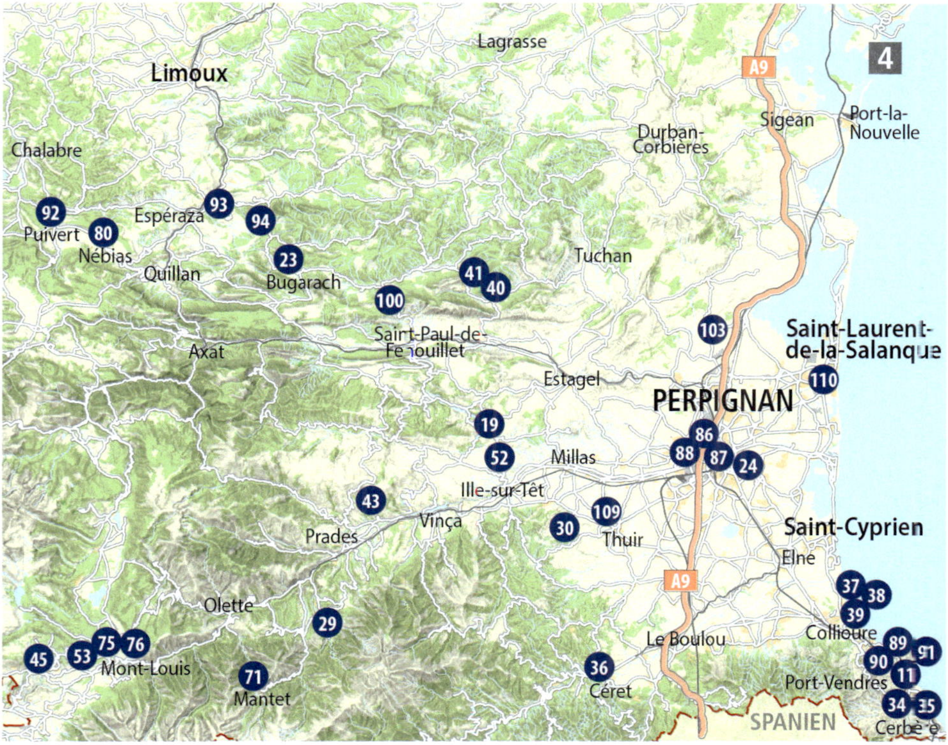
Lagrasse
A9
4
Limoux
Durban-Corbières
Sigean
Port-la-Nouvelle
Chalabre
93
92
Espéraza
94
Puivert
80
Nébias
Tuchan
23
Quillan
Bugarach
41
40
100
103
Saint-Laurent-de-la-Salanque
Saint-Paul-de-Fenouillet
Axat
110
Estagel
PERPIGNAN
19
86
52
Millas
88
87
24
Ille-sur-Têt
43
109
Vinça
30
Saint-Cyprien
Prades
Thuir
Elne
A9
37
38
39
Olette
29
Le Boulou
Collioure
89
91
75
76
90
45
53
11
Mont-Louis
36
71
Port-Vendres
Céret
Mantet
34
35
SPANIEN
Cerbère

Jo Berlien, Sabina Paries
111 Orte in Straßburg, die man gesehen haben muss
ISBN 978-3-7408-0576-0

Marcus X. Schmid, Monika Steineberg
111 Orte in der Bretagne, die man gesehen haben muss
ISBN 978-3-7408-0572-2

Georg Renöckl
111 Orte in Nordfrankreich, die man gesehen haben muss
ISBN 978-3-7408-0559-3

Sybil Canac, Renée Grimaud, Katia Thomas
111 Orte in Paris, die man gesehen haben muss
ISBN 978-3-95451-847-0

Ralf Nestmeyer
111 Orte in der Normandie, die man gesehen haben muss
ISBN 978-3-95451-839-5

Barbara Krull
111 Orte im Elsass, die man gesehen haben muss
ISBN 978-3-95451-596-7

Ralf Nestmeyer
111 Orte an der Côte d'Azur, die man gesehen haben muss
ISBN 978-3-95451-563-9

Ralf Nestmeyer
111 Orte in der Provence, die man gesehen haben muss
ISBN 978-3-95451-094-8

Joscha Remus
111 Orte in Luxemburg (Stadt), die man gesehen haben muss
ISBN 978-3-7408-0363-6

Silvia Götschi
111 Orte in Nidwalden, die man gesehen haben muss
ISBN 978-3-7408-0566-1

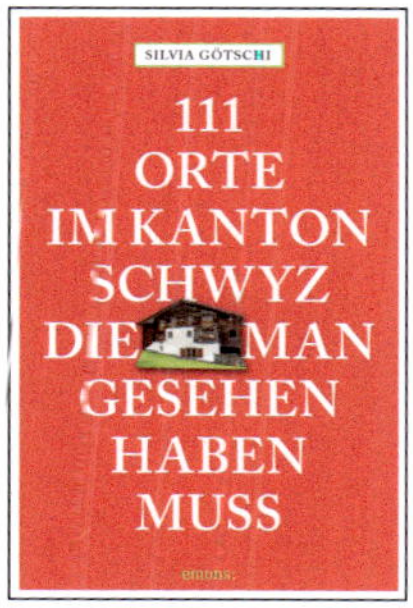

Silvia Götschi
111 Orte im Kanton Schwyz, die man gesehen haben muss
ISBN 978-3-7408-0116-8

Nina Kobelt, Silvia Schaub
111 Orte rund um den Säntis, die man gesehen haben muss
ISBN 978-3-7408-0550-0

Sonja Muhlert, Adrian Künzi
111 Orte in und um Biel/Bienne, die man gesehen haben muss
ISBN 978-3-7408-0340-7

Corinne Päper, Georg Holubec
111 Orte in Winterthur, die man gesehen haben muss
ISBN 978-3-7408-0237-0

Monika Mansour
111 mystische Orte in der Schweiz, die man gesehen haben muss
ISBN 978-3-7408-0139-7

Regula Tanner
111 Orte im Berner Oberland, die man gesehen haben muss
ISBN 978-3-7408-0124-3

Barbara Saladin
111 Orte in Baselland, die man gesehen haben muss
ISBN 978-3-7408-0122-9

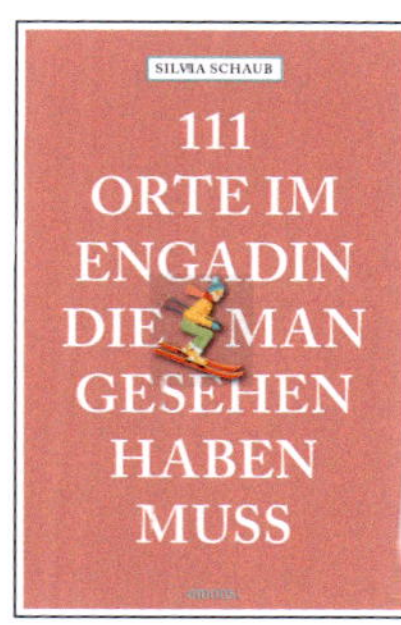

Silvia Schaub
111 Orte im Engadin, die man gesehen haben muss
ISBN 978-3-7408-0115-1

Marcus X. Schmid,
Michel Riethmann
111 Orte in Luzern und rund um den Vierwaldstättersee, die man gesehen haben muss
ISBN 978-3-95451-917-0

Uwe Ramlow
111 Orte im Tessin, die man gesehen haben muss
ISBN 978-3-95451-840-1

Mercedes Korzeniowski-Kneule
111 Orte in Basel, die man gesehen haben muss
ISBN 978-3-95451-702-2

Oliver Schröter, Falk Saalbach
111 Orte in Zürich, die man gesehen haben muss
ISBN 978-3-95451-538-7

Cornelia Lohs
111 Orte in Bern, die man gesehen haben muss
ISBN 978-3-95451-669-8

Marion Rapp
111 Schätze der Natur rund um den Bodensee, die man gesehen haben muss
ISBN 978-3-95451-619-3

Ursula Kahi
111 Orte im Aargau, die man gesehen haben muss
ISBN 978-3-95451-537-0

Christian Löhden
111 Orte in Graubünden, die man gesehen haben muss
ISBN 978-3-95451-514-1

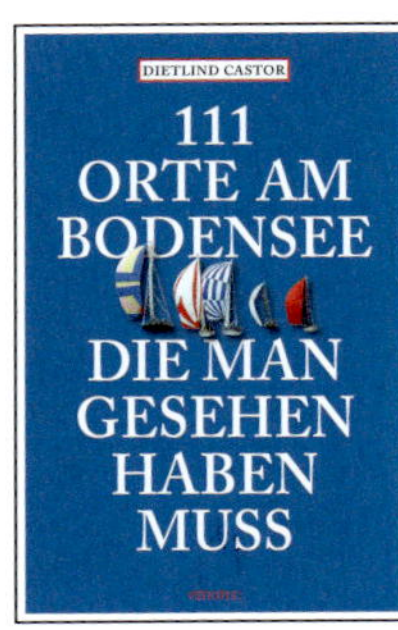

Dietlind Castor
111 Orte am Bodensee, die man gesehen haben muss
ISBN 978-3-95451-063-4

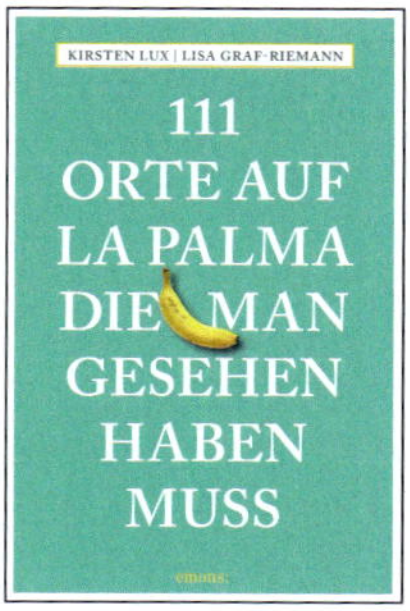

Kirsten Lux, Lisa Graf-Riemann
111 Orte auf La Palma, die man gesehen haben muss
ISBN 978-3-7408-0345-2

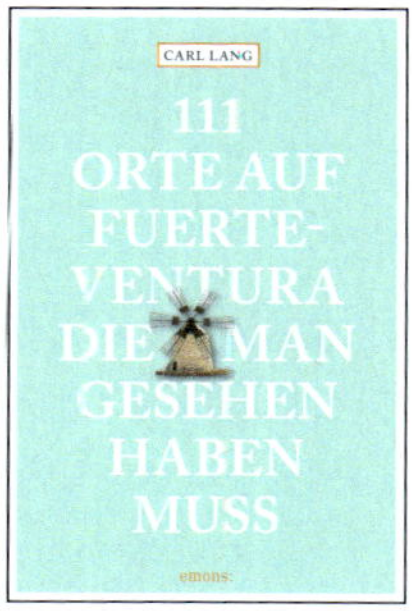

Carl Lang
111 Orte auf Fuerteventura, die man gesehen haben muss
ISBN 978-3-7408-0132-8

Sibylle von Kapff, Gerhard von Kapff
111 Orte auf Teneriffa, die man gesehen haben muss
ISBN 978-3-95451-916-3

Dorothee Fleischmann, Carolina Kalvelage
111 Orte an der Costa Brava, die man gesehen haben muss
ISBN 978-3-95451-561-5

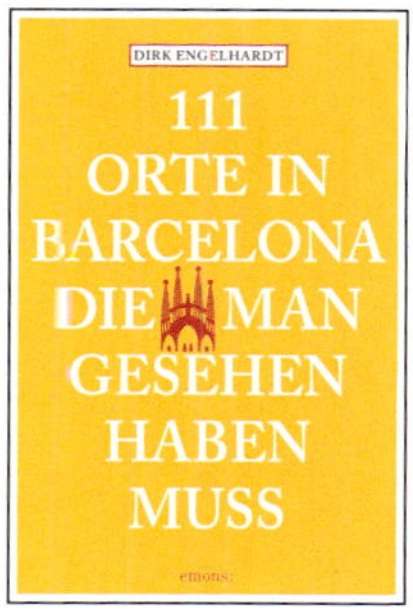

Dirk Engelhardt
111 Orte in Barcelona, die man gesehen haben muss
ISBN 978-3-95451-066-5

Rüdiger Liedtke
111 Orte auf Mallorca, die man gesehen haben muss
ISBN 978-3-89705-975-7

Max Fleschhut
111 Orte auf Elba, die man gesehen haben muss
ISBN 978-3-7408-0587-6

Franz Hlavac, Gisela Hopfmüller
111 Orte in Friaul und Julisch Venetien, die man gesehen haben muss
ISBN 978-3-7408-0575-3

Natalino Russo
111 Orte in Neapel, die man gesehen haben muss
ISBN 978-3-7408-0478-7

Dank

An Bubu und Ida: Selbst wenn Ihr nicht mitkommt, seid Ihr immer dabei – und Ida: Danke, dass Du so gut Anna, Nando und Basti beschäftigst! An Stefanie Hoppe fürs Gegenlesen und immer Gutfinden. An Caroline Ducasse von Ducasse Schetter PR fürs charmante Knüpfen von so vielen Verbindungen. An Solenne Odon von tourisme occitanie für langen Atem und große organisatorische Hilfe. An Corinne Rixens von Hautes-Pyrénées Tourisme Environnement, meine Idee zum Buch verdanke ich Deiner Gesellschaft (quelle galère de faire un bouquin! Mais avec toi, j'en ferais d'autres!). An Sonja Erdmann vom Emons Verlag für ihre Unermüdlichkeit, auf meine Fragen beruhigende Antworten zu finden. An all meine sprudelnden Quellen in den Pyrenäen, vor allem: Mado Goncalves von Ariège Tourisme (ma chère Mado-Mango!), Christiane Bonnat von der Communication Pays basque, Nathalie Beau de Loménie von Béarn Pyrénées, Myriam Fillaquier von Aude Tourisme, Yasmine-Délia Greifenstein vom Comité régional de tourisme de Nouvelle-Aquitaine, Laurence de Boerio, Julien Folcher von Pyrénées-Orientales Tourisme, Jean Grassaud (top!) vom Office de Tourisme Conflent Canigó und Delphine Lafon (un grand, grand merci, Delphine!) von der Agence Touristique des Vallées de Gavarnie.

Und an all jene, die mir sonst noch dank tourismus-okzitanien.de, ariegepyrenees.com, audetourisme.com, tourisme-pyrenees-orientales.com, tourisme-hautes-pyrenees.com, hautegaronnetourisme.com, nouvelle-aquitaine-tourisme.com/en und tourisme64.com begegnet sind.
Un grand merci à vous tous!

Fotonachweis

Ort 4, 12: HPTE; Ort 13: Mention Labouiche Ariège Ort 25: © Villa Arnaga – Cambo-les-Bains; Ort 31: HPTE; Ort 35: Réserve Naturelle Marine Cerbère-Banyuls; Ort 36: © Frank Vidal; Ort 47: HPTE_MERIGOT-CA65; Ort 55: © Gemeinde Laàs; Ort 57: Mention Janna-Marie Schwanemann; Ort 58: Mention Maison Constanti; Ort 62: Grotte de Le Mas d'Azil – Grands Sites Dominique VIET – CRT OCCITANIE – ADT09; Ort 66: Mention Grand Hôtel Moderne; Ort 67: Mention Luz-TyroLine; Ort 73: Mention Domaine Sergent; Ort 74: Mention Cœur De Béarn; Ort 76: © Office de Tourisme Mont-Louis; Ort 77: Crédit photo TOURISME ARIEGE ADT09; Ort 81 oben: Grotte de Niaux – Porche de Niaux – Mention Grands Sites Dominique VIET – CRT OCCITANIE, unten: Grotte de Niaux – Peintures Mention E Demoulin – SESTA; Ort 85: © PauPyrénéesTourisme-Guilhamasse; Ort 92: © Musée du Quercorb; Ort 97: © CRTMP; Ort 102, 104: © OTBDG; Ort 103: © EPCC du Mémorial du Camp de Rivesaltes Région Occitanie-Pyrénées Méditerranée Conseil Départemental des Pyrénées-Orientales; Ort 106: Mention Tourisme Ariege ADT09; Ort 107: PyxbyNot, Musée des Hussards, Ville de Tarbes; Ort 108: © Jardins de la Poterie Hillen; Ort 109: Office de Tourisme Intercommunal Aspres-Thuir; Ort 111: © Hôtel La Grange aux Marmottes

Die Autorin

Evelyn Pschak von Rebay hat – lange auch in Südfrankreich – Kunstgeschichte und Kulturmanagement studiert. Heute arbeitet sie als Kultur- und Reisejournalistin, etwa für die Süddeutsche Zeitung. Ihre Liebe zu den Pyrenäen entdeckte sie bereits als Teenager, als sie – einer Aussage Salvador Dalís folgend – im Bahnhof von Perpignan nach dem Mittelpunkt der Welt suchte. Den hat sie in den Pyrenäen zwar noch immer nicht gefunden. Aber dafür viel, viel Wunderbares.